MATTERHORN
Eine Besichtigung

MATTERHORN
Eine Besichtigung

Michael T. Ganz

Marc Valance

Heinz Dieter Finck

best of switzerland

WERDVERLAG silva Schweizer Familie

Dank
Wir danken allen, die uns Türen geöffnet, Bild- und Textmaterial zur Verfügung gestellt oder mit Rat und Tat bei der Arbeit an diesem Buch geholfen haben.
Ein spezieller Dank geht an das Alpine Museum Zermatt sowie an Aufdi Aufdermauer, Fred E. Knecht, Martin Schwarz, Erich Weilenmann und Zermatt Tourismus.

Lektorat: Brigitta Klaas Meilier
Korrektorat: Heike Burkard, Rorbas
Gestaltung und Satz: Scherer Kleiber CD, Zürich
Umschlagbild unter Verwendung eines Fassadengemäldes von Jörg Müller.
Die Abbildung auf Seite 155 erfolgt mit freundlicher Genehmigung des Ehapa-Verlags, Stuttgart.
Herstellung: Katrin Zbinden
ISBN 3-85932-345-8
Titelnummer 152/00164.4
www.werdverlag.ch

Inhalt

«Nichts als Steine, total flach»

Ein Leben lang hat Pipe von diesem Moment geträumt. Hat vor dem Kalenderbild des Matterhorns gesessen, das an der Wand seiner Kammer hängt, hat sich selbst neben dem Kalenderbild mit seiner Polaroidkamera abgelichtet, dutzendfach und immer wieder. Jetzt schaut der alte Bauernknecht durch die Plexiglaskanzel des Hubschraubers, der ihn an den Flanken des Matterhorns vorbeiträgt. «Que des cailloux, tout plat», sagt er und schaut schweigend auf den Berg hinunter. Jetzt, da er nicht mehr an ihm hochsieht, ist der Zauber weg. Der Mythos entpuppt sich als Schutthaufen, und Pipe will so rasch wie möglich hinunter, zurück auf die Erde: Pipe, der Held in Yves Yersins Kinofilm «Les petites fugues», hat das Matterhorn besichtigt und ist enttäuscht.

Auch wir – im übertragenen Sinn des Wortes – umkreisen das Matterhorn. Wir besteigen es nicht, sondern nähern uns dem Berg, besser noch: dem Phänomen dieses Bergs von allen Seiten. So erst erhält unser Buch eine Berechtigung. Denn Bücher über das Matterhorn gibt es schon Hunderte, gute und schlechte. Whymper, der Erstbesteiger, hat den Berg beschrieben, Rey hat ihn fotografiert, Gos hat ihn besungen, und unzählige Bergsteiger haben ihre Erlebnisse am Matterhorn publiziert – die immer gleichen Geschichten von Ehrgeiz, Steinschlag und Sturm. Für uns war das Matterhorn, anders als für Pipe, kein Traum und auch kein Mythos, der uns magisch angezogen hätte. Für uns war das Matterhorn eine Alltagserscheinung, allerdings eine von derart starker Präsenz, dass wir nichts anderes mehr zu sehen vermochten, nachdem wir den Blick erst einmal darauf gerichtet hatten: Das Matterhorn ist überall.

Und so wollten wir das Phänomen Matterhorn zwischen zwei Buchdeckel bringen, den Superberg in all seinen Facetten zeigen. Mit seiner Anziehungskraft und seinen Gefahren, seiner Geschichte und der Geschichte seiner Bezwinger, seiner Multinationalität und den Besitzansprüchen seiner Anwohner. Mit seinem Auftritt als Symbol und Markenzeichen, als Werbeträger und Kitschsouvenir, seiner Rolle als viel gemaltes und angeblich meistfotografiertes Sujet der Welt. Mit seinem Dasein als Hausberg und Magnet des Touristenmekkas Zermatt und seiner Funktion als Bühne für geistige Höhenflüge, technische Grössenfantasien und menschliche Unvernunft.

Uns hat das Matterhorn nicht enttäuscht. Im Gegenteil, es hat sich als das entpuppt, wofür wir es hielten: als ein Ort der Geschichte und Geschichten, der ernsten und der komischen. «Matterhorn. Eine Besichtigung» ist deshalb kein alpinistisches, kein historisches und kein wissenschaftliches Buch, auch kein Bildband und kein Tourismusführer. Es ist vielmehr, so hoffen wir, alles in einem.

Zürich, im Mai 2001

Michael T. Ganz, Marc Valance, Heinz Dieter Finck

Anseilen bitte:

Auf der Matterhornhütte

Bei schlechtem Wetter wird nicht geweckt. Er würde sich ja bei einem Unfall mitverantwortlich machen, wenn er bei schlechtem Wetter wecken würde, hat Hüttenwart Lauber gesagt. Die einen schnarchen weiter, den anderen wird die Nacht im muffigen Massenlager zu lang, sie stehen auf, gehen pinkeln, rumoren in der Hütte herum. Es ist fünf Uhr zwanzig, stockfinster draussen. Im Esssaal des Berghauses Matterhorn kochen fünf Alpinisten aus Andorra – vier Männer und eine Frau – auf dem Biwakkocher Wasser für den Frühstückskaffee. Ein kleiner Japaner mit einem freundlichen Nussknackergesicht steht zwischen den leeren Tischen, zuckt die Achseln und sagt: «No coffee, no breakfast, no go!» «Ich machs auch ohne Frühstück», sagt Christian Reiser, Getränkehändler aus München, «ich packs auch so.» Aber er ist nervös. Er ist schon in voller Montur, zwei Schlingen und ein paar Karabiner am Klettergurt, Handschuhe, Mütze, Stirnlampe. «Ich klettere den achten Grad», sagt er, «da kann mich doch das Matterhorn selbst bei Schnee und Eis ...»

Tageswanderer in der Steinwüste des Hörnligrats. *Vorhergehende Doppelseite:* An einem Juliabend um 22 Uhr auf der Riffelalp. Nach einem Schlechtwettertag glüht das Matterhorn im letzten Licht.

Der Wind fegt in Böen um die Hütte, klatscht Regenschauer und Graupel gegen das Fenster. Das Matterhorn steckt im Nebel. Aus der Ostwand treiben dichte Schwaden über den Hörnligrat, die Einstiegsfelsen sind noch frei. Das erste Tageslicht dringt von Osten unter die Wolkendecke, die tief über dem Furgggletscher hängt. Ein roter Schimmer auf dem schmutzigen Eis, in einer Wolkenlücke der Monte Rosa. Einer der Andorraner bleibt in der Hütte zurück, einer klettert nur gerade die Einstiegsfelsen hoch und kehrt dann um. Die anderen drei, darunter die Frau, gehen weiter, nach einer halben Stunde verschwinden die Lichter ihrer Stirnlampen im Nebel. Jetzt geht auch Christian Reiser los. «Nicht zu früh», sagt er beschwörend, «sonst sucht man in der Dunkelheit nur nach der Route.» Er klettert über die ersten Felsen und geht in einem Höllentempo die anschliessende Schutthalde hoch. Dann schluckt auch ihn der Nebel.

Drei Tage später herrscht strahlendes Wetter. An einem sommerlichen Spitzentag wie diesem übernachten hundertsiebzig, hundertachtzig Männer, Frauen, Kinder in den beiden Hütten auf dem Hörnligrat, im Berghaus Matterhorn und in der SAC-Matterhornhütte. Rund viertausend Übernachtungen sind es in einem kurzen Bergsommer. Der Hüttenwart lässt pro Saison dreissig Tonnen Lebensmittel, Getränke, Brennstoff einfliegen, vier Tonnen Abfall fliegen die Helikopter der Air Zermatt wieder aus. Da oben, auf einer Höhe von 3260 Metern, fehlt es den Gästen an nichts, nur das Wasser ist rar. Aber wie könnte es anders sein, die Hütten stehen auf einem Grat, auf dem kein Grashalm wächst.

Die Vegetation hört schon zwei Stunden weiter unten auf, in den Hängen unterm Hörnli, ein paar Minuten von der Seilbahnstation Schwarzsee entfernt. Dort wachsen auf Felsbändern noch einige Rasenpolster, Futter für die Schwarznasenschafe, die mit ihren winzigen Lämmern am Wegrand grasen. Die japanischen Wanderer treten aus der Seilbahnstation, zücken die Kameras und gehen vor dem Mutter-und-Kind-Motiv in die Knie. Darüber türmt sich das Matterhorn, ein gewaltiger Haufen verwitterten Gesteins, der nach vorne links zu kippen droht.

Der Hüttenweg führt vom Schwarzsee herauf, um den Hörnlifelsen herum, auf metallenen Stegen und Treppen die Westflanke des Hörnligrats entlang, dann in ein paar Kehren auf die Grathöhe. Schutt, Geröll und Fels. Wir sehen die Wanderer von oben, winzig in der Wüste. Braun-grau-weiss hängt das Matterhorn über ihnen, sie müssen den Kopf schon in den Nacken legen, wenn sie den Gipfel sehen wollen. Zu ihrer Linken, in der Tiefe, der Furggletscher, schuttbedecktes Eis, endlose graue Moränen, darüber der Furgggrat, dessen Eissaum von Jahr zu Jahr dünner wird und ausfranst. Rechts stürzt die braune Schuttflanke zum Zmuttbach hinunter und zieht sich – immer gewaltiger, immer höher – zum Matterhorngletscher hin. Vierhundert Meter weiter oben, auf dem Grataufschwung, sehen die Wanderer die Hütten

Schwarznasenschafe auf Höhbalmen. Durch die Nordwand des Matterhorns ziehen sommerliche Quellwolken.

stehen. Nach einer Stunde treten sie aus dem Bergschatten heraus, stolpern auf die Terrasse vor dem Berghaus Matterhorn, früher hiess es Hotel Belvédère.

Das Panorama da oben ist gewaltig. Man reisst sich vom braunen Fels des Matterhorns los und wendet sich um, da stehen sie im gleissenden Sonnenlicht, der Monte Rosa, der Lyskamm, Castor und Pollux, das Breithorn. Gegen Norden hin die Dent Blanche, das Weisshorn, das Zinalrothorn und die Mischabelgruppe. Auf der Terrasse riecht es nach Sonnencrème und Käserösti, Kinder tollen durcheinander, Hunde hecheln unter Tischen, junge Servierinnen und Servierer flitzen zwischen Hoteleingang und Terrasse hin und her, legen in Holz gebundene Speisekarten vor die verschwitzten Neuankömmlinge. Durch das offene Küchenfenster schallt eine Stimme aus einer anderen Welt, Tina Turner, «I'm your private dancer». Der Pulsschlag beruhigt sich. Jetzt nimmt man wahr, dass an jedem Tisch wenigstens einer in die Gegenrichtung schaut, weg von dem glänzenden Panorama, hinauf in die schuttigen Felsen. Am Nebentisch sitzt der Hüttenwart mit zwei seiner Gehilfen, sie schauen mit einem riesigen Feldstecher zum Hörnligrat hoch. «Schau mal, die unterm roten Turm, was die für ein Durcheinander mit dem Seil machen.»

Kletterer überall. Es ist vierzehn Uhr. Ein halbes Dutzend Bergsteiger auf dem Gipfel, ebenso viele in den Felsen des Dachs. Im Steilaufschwung darunter, der mit fixen Seilen gesichert ist, herrscht Stau, Aufsteiger, Absteiger, ein Durcheinander von Menschen und Seilen. Auch über das Schneefeld unter der Schulter steigen Leute auf und ab. Oberhalb der Solvayhütte der zweite Stau, er löst sich während der nächsten zwei Stunden nicht auf. In der Mosleyplatte unter der Nothütte am Grat, in den zerklüfteten Felsen der Ostseite bis hinunter zum letzten Schuttfeld, wo Christian Reiser drei Tage zuvor im Nebel verschwunden ist, steigen sie ab, suchen sie herum, klettern sie zurück. Zwei Partien steigen im Schuttfeld noch auf.

Der Einstieg ist zehn Minuten oberhalb der Hütte. Man wandert auf einem Weglein hinter dem Berghaus zur Grathöhe hinauf, steigt in einen kleinen Sattel hinunter, geht ein paar Schritte

Fünf Uhr früh, Hektik in der Matterhornhütte. Ist die Ausrüstung komplett? Viel Material brauchts nicht am Hörnligrat, dafür umso mehr Kondition.

über Schnee. Und dann kann man sie anfassen, die Felsen, die für manche Bergsteiger das Ziel der Sehnsucht sind. Aus einer schattigen Nische schaut von links oben ernst eine bronzene Madonna herunter und hält das Christuskind auf ihrem Schoss mit beiden Händen fest. Auf Metalltafeln mahnen Sinnsprüche zur inneren Einkehr, nein, sie raten nicht ab und versuchen nicht abzuschrecken. «Das hat keinen Zweck», hat Kurt Lauber, Hüttenwart und stellvertretender Rettungschef von Zermatt, gesagt. «Ich rate schon lange keinem mehr ab. Wer nicht fragt, hat seinen Entschluss gefasst, und nichts kann ihn davon abbringen.»

Zwei gelbe Seilstücke hängen von den steilen Felsen herunter, die ersten – oder die letzten – zwanzig Meter steilen Kletterns am Matterhorn. In der Sonne diesseits des kleinen Sattels sitzen und zu den Einstiegsfelsen hinüberschauen, die am Nachmittag im Schatten liegen. Führerpartien kommen herunter, biegen oben um die Kante, machen sich am oberen Ende der fixen Seile für den letzten Abstieg bereit. Meist seilt der Führer seinen Gast – am Matterhorn führt er nur einen – über die Einstiegsfelsen ab. Dann

Anseilen im Dunkeln. Die Tour fängt sozusagen auf der Hüttenschwelle an – ein paar Minuten, und schon stehen die Kletterer beim Einstieg.

Händeschütteln, Losseilen, mancher Gast fängt schon auf dem kurzen Weg zur Hütte den Auf- und den Abstieg an zu rekapitulieren. «Zweimal bin ich ausgerutscht und du musstest mich halten.» Ein Führer kommt mit einem Kameramann von BBC herunter, mit einem Riesenkerl, der entspannt und munter wirkt, als hätte er nicht Kamera und Stativ aufs Matterhorn geschleppt, sondern in der Zermatter Bahnhofstrasse Touristen beim Shopping gefilmt. Es kommen zwei Franzosen, Führerlose, hängen ein Fünfzigmeterseil ein und fahren herunter, ziehen das Seil ein, elegant und gekonnt. Sie umarmen einander, klopfen sich auf die Schultern. Nach ihnen ein blondes deutsches Paar, schöne Menschen, ihr Abstieg hat nicht minder Stil. Sie sind zwar nur bis zur Solvayhütte gekommen, das sagen sie frank und frei und zeigen sich auch sonst gern den Zuschauern, von denen es hier nicht wenige gibt. Sie legen die verschwitzten Kleider ab, stehen in sportlichen Dessous in der Frühherbstsonne. Dann lässt ein kleiner, untersetzter Führer eine drahtige Blondine über den Felsen herab. Sie seilt sich sofort los und marschiert davon, Wut im Gesicht, der Führer rennt hinterher, grinst verlegen herüber, was hat er falsch gemacht, oder sie? Dann wiederum zwei Franzosen, der eine, Jüngere, lässt sich vom Älteren wie ein Sack in die richtige Position fürs Abseilen bugsieren, kommt schlaff und teilnahmslos herunter, schlägt dabei zweimal, dreimal links und rechts gegen den Fels, kratzt mit den Fingern über den rauen afrikanischen Gneis, steht mit hängenden Schultern auf dem Schneefeld, bindet sich nicht einmal selbst los.

«Bist du krank? Habt ihr einen Unfall gehabt?» «Nein!», antwortet der Ältere an seiner Stelle, «wir haben auf der Solvayhütte übernachtet.» «J'étais complètement crevé», sagt der Jüngere. Er ist kreidebleich, seine Glieder schlottern. «Il a les nerfs en boule.» Er hat die Nerven verloren.

Rechte Seite:
Hundertzehn Kletterer sind am Hörnligrat unterwegs. Wer die Route nicht kennt, läuft den Stirnlampen der Bergführer nach.

Der Ältere hat den Jüngeren durch die Nacht gepäppelt und zwischen Tagesanbruch und spätem Nachmittag von der Solvayhütte abgeseilt, hinuntergelotst, herabgeredet und gestützt. Er hat eine steinerne Miene, packt das Seil in den Rucksack und macht sich wortlos auf den Weg nach Zermatt hinunter.

Etwa dreitausend Personen, der Grossteil Männer, sind pro Jahr am Matterhorn unterwegs. Seit der Berg bestiegen wird, haben rund fünfhundert Personen an seinen Graten und Wänden das

Die Hörnlihütte um 1890. Sie wurde 1964 abgebrochen und in den folgenden Jahren neu aufgebaut.

Leben gelassen, dreihundertsiebzig auf der Schweizer Seite, und davon die allermeisten am Hörnligrat. Neunzehn Leichen liegen ungeborgen irgendwo am Berg oder in einem der Gletscher am Fuss seiner Wände.

Drei Tote jährlich. Seit 1961 verging kein Jahr ohne tödlichen Absturz, 1973 und 1978 waren es dreizehn, 1990 vierzehn, 1983 gar achtzehn. Das waren Jahre, in denen schlechte Verhältnisse herrschten und ganze Seilschaften abstürzten wie 1983, als vier amerikanische Piloten am Hörnligrat den Tod fanden. «An jenem Tag», erzählt Rettungschef Bruno Jelk, «haben zehn Personen trotz schlechtem Wetter die Hütte mit Ziel Matterhorn verlassen. Am nächsten Tag war strahlendes Wetter. Der Hüttenwart meldete, es sei kein Mensch auf der Route. Wir gingen nachschauen und fanden sechs Tote, vier davon waren die amerikanischen Piloten.»

Der Gipfelschatten des Horns wandert langsam auf die Terrasse zu. Die Tageswanderer machen sich auf den Weg ins Tal, Gipfelstürmer, aus dem Abenteuer entlassen, packen die Rucksäcke um und nehmen ebenfalls den Abstieg unter die Füsse. Ein japanischer Tourist verabschiedet sich vom Horn mit ausgebreiteten Armen, seine Frau mit einer kleinen Verbeugung. «Mensch, das war eine Schinderei», tönt es hinter der Hüttenecke hervor. Vier Schwaben, alle noch am Seil, stolpern auf die Terrasse. «Das war zu viel», schwatzt einer in seiner Erschöpfung drauflos, «ich wusste ja, ich habe zu wenig Kondition. Ein Schweizer Führer hätte auf der Solvayhütte gesagt: Nö, so gehts nicht, wir kehren um. Aber ich habs durchgezogen. Mensch, ich bin völlig fertig, aber die Erschöpfung vergeht, und der Stolz bleibt.» Eine Stunde lang sitzt er belämmert in der Hütte, bis er die Kraft findet, Klettergurt und Schuhe auszuziehen.

Wer im Berghaus Matterhorn oder in der SAC-Matterhornhütte übernachten will, stellt sich bei der Küchendurchreiche im Berghaus an. Hier kann man Most, Bier, Ansichtskarten und für alle Fälle noch einen Gönnerausweis der Rettungsflugwacht kaufen, hier bekommt Ratschläge, wer Ratschläge will, und hier gibt es einen Schlafplatz gemäss Anmeldeliste. «Du bist in Zimmer neun, Bett 21.» Ohne Reservation geht an schönen Tagen nichts. Will man aufs Horn, so gibt man hier seinen Ausweis ab. «Das machen wir bei allen Leuten, ausser bei den Bergführern. So haben wir die Kontrolle», sagt Hüttenwart Lauber. «Kehrt einer nicht zurück, so gehen wir der Sache nach. Aber erst nach drei Tagen.» Die Hüttenwartsgehilfin händigt dem Gast zwei Coupons aus, einen weissen fürs Nachtessen und einen rosaroten fürs Frühstück. Wer sich selbst verpflegen will, bekommt in der Hörnlihütte nebenan heisses Wasser.

Hinauf in den Schlafraum. Zwanzig, dreissig Schlafplätze eng nebeneinander, wie es in hochalpinen Schweizer Unterkünften üblich ist. Im Berghaus Matterhorn sind allerdings fast immer alle Plätze belegt, und es gibt kein Wasser, nicht zum Zähneputzen, geschweige denn für eine Dusche. Rucksack abstellen und raus auf die Terrasse. Sie liegt jetzt im Schatten des Horns, es ist kühl geworden, doch sie stehen immer noch herum, Veteranen von heute und Aspiranten von morgen. Zwölf Stunden habe er gebraucht, sagt ein junger Alleingänger aus dem Allgäu, der die Nacht im Freien verbringen will. Im Abstieg sei er Haken mit Schlingen gefolgt, aber die hätten ihn in die Irre geführt. Eine Stunde habe er damit verloren. «Sicher», sagt ein Oberländer Führer, «die Schlingen stammen alle von Leuten wie dir, die den Weg nicht kennen, die sich verhauen und in der Panik Haken schlagen.»

Vor drei Tagen war der Oberländer noch am Monte Rosa, aber sein Kunde bekam Durchfall. Er heuerte per Telefon beim Alpin Center in Zermatt an und führte zwei Kunden aufs Matterhorn, gestern und heute einen und morgen den dritten. Der Gast wandert allein zur Hütte herauf, der Führer sitzt schon oben. Sie kennen einander in den meisten Fällen nicht, das Alpin Center in Zermatt hat sie einander zugeteilt. Der eine geht vorn am Seil, der andere hinten. Ein Fehler kann für beide tödlich sein. Sie schütteln einander die Hand und stellen einander ein paar Fragen. Was schon gemacht, wie gut trainiert? Was brauchts an Ausrüstung und wie lang dauerts von hier bis dort und wie lange zurück? Dann trennen sie sich für den Rest des Tages. Der Führer sitzt mit seinen Kollegen in der Bergführerecke am runden Tisch. An der Wand hängen alte Fotos, Zeitungsausschnitte

Nichts als ein Tisch, eine Bank, drei Stühle, ein paar Matratzen, ein kleiner Herd. Die alte Hörnlihütte war eine spartanische Unterkunft.

Sonnenaufgang am Matterhorn. Die Einstiegsfelsen des Hörnligrats überragen das Schneefeld am unteren Bildrand.

und eine Tafel mit Namen, Namen von Zermatter Führern. Wozu? Die Hüttenwartsgehilfin kichert, es sei ein Wettbewerb, den die Hüttencrew mit den Bergführern veranstaltet, jedes Jahr einen anderen. Im letzten wurde der Führer mit dem schönsten Hintern gekürt, und dieses Jahr? Das ist geheim.

Der Gast sitzt an einem der gedeckten Tische im Speisesaal, Ellenbogen an Ellenbogen mit anderen Gästen, Führerlosen, Alleingängern. Babylonisches Sprachengewirr. Die Hüttencrew flitzt mit den Mahlzeiten von Tisch zu Tisch. Löffeln, Schaufeln, Schlucken, Reden. Der Raum ist ziemlich düster, die Stimmung gedrückt, es herrscht eine Art gespannter Erwartung. Was ist morgen? Die einen leiern bestandene alpinistische Abenteuer herunter, es klingt wie die Anrufung des eigenen Mutes. Andere repetieren wieder und wieder die Details der morgigen Route. Wieder andere vermeiden das Thema Matterhorn, als zöge ihnen die blosse Erwähnung des Riesenfelsens hinter dem Haus das Unglück auf den Hals.

Nichts von Hüttengemütlichkeit. Kein Johlen, kein alkoholisiertes Räsonieren wie in mancher Unterkunft des Alpen-Clubs. Es herrscht hier eine Art Disziplin, die an ein Fitnessstudio erinnert. Gespräche über Leistung und wie man sie erbringt. Wer hier ist, will etwas vollbringen. Und mit Hilfe von Kraftriegeln und Elektrolytgetränken wird man es schon packen. Dazu betet man die Beschwörungsformel: Es soll wahnsinnig exponiert sein, aber nicht mehr als Schwierigkeitsgrad drei, und das Wetter ist gut, das Wetter ist gut. Manche dringen noch einmal mit Fragen in ihren Führer. Sie hängen diesen ungerührten Profis, die Dutzende, ja Hunderte von Malen den langen, steilen Weg bewältigt haben, an den Lippen. Ob sie es morgen selber schaffen werden, wissen sie am Ende immer noch

nicht. «Von den Matterhornbesteigern», sagt Rettungschef Jelk, «murkst sich ein grosser Teil den Berg hoch, völlig verkrampft. Sie machen erst auf, wenn sie wieder unten sind. Dann kommt das grosse Aufmachen. Aber die Tour und das Retour sind eine einzige grosse Anspannung.»
Leistungswahn, Ehrgeiz, Aufschneiderei. In der Halle und an Boulderfelsen klettern die Cracks den 7. und 8 Grad. «Also denken die Leute, das Matterhorn mit seinem Schwierigkeitsgrad III ist doch ein Spaziergang», sagt Jelk. Viele wollen einfach mal aufs Matterhorn, auf keinen anderen Berg, vorher nicht und nachher nie mehr. «Ich war auf dem Matterhorn! Das ist doch was. Die Leute meinen, wenn sie etwas gewandert sind, könnten sie das Horn besteigen.» Aber es zieht sie doch auch anderes zu dem Berg, nicht nur der Ehrgeiz, auch nicht das Hehre der Alpenwelt oder die Gottesnähe in den Bergen. Christian Reiser, der vor ein paar Tagen im Nebel verschwunden ist, hat gesagt: «Wenn du den ganzen Monte Rosa bis zum Breithorn überschritten hast, musst du einfach noch aufs Matterhorn.» Die Andorraner zuckten die Schultern. «Es ist die Form, ganz einfach», sagt Elisabeth, die Kletterin, stellvertretend für die wortkargen Männer. «Es ist der Berg an sich. Wir waren schon überall. Aber fürs Matterhorn sind wir von Andorra angereist, fürs Matterhorn allein.» Und Hanno und Kuno, zwei Bergsteiger aus der Steiermark: «Das ist ein Berg, den man einfach nicht auslassen kann.» Hat nicht schon Mallory auf die Frage, warum er den Mount Everest besteigen wolle, die lapidare Antwort gegeben: «Weil er da ist.»
Um halb zehn ist der Speisesaal des Berghauses Matterhorn schon fast leer, die Tische sind abgeräumt, die Hüttencrew deckt die Tische für das Fünf-Uhr-Frühstück der Gipfelstürmer. Die liegen

Folgende Doppelseite: An schönen Tagen kommt es zu Staus an schwierigen Stellen und bei den fixen Seilen oberhalb der Solvayhütte.

oben in den Massenlagern, niesen und husten im Matratzenstaub, wälzen sich, ärgern sich über notorische Schnarcher, hängen schlaflos gehetzten Gedanken nach.

Um zehn stolpern aus der stockfinsteren Nacht vier angeseilte Franzosen in den leeren Esssaal, Stirnlampen an und völlig am Ende. Sie sind um fünf Uhr losgegangen und waren siebzehn Stunden unterwegs. «Wir waren langsam», stöhnt der eine, «mon Dieu, wie waren wir langsam!» Immerhin haben sie es aber an einem Tag geschafft.

Eintausendzweihundert Höhenmeter anhaltendes Klettern, oft – vom Schneehang unter der Schulter weg sogar immer – mit Steigeisen an den Füssen. Zwanzig bis dreissig Prozent der Matterhornstürmer benötigen zwei Tage zum Gipfel und zurück. «Darum werden wir bei Überfälligen erst am dritten Tag aktiv», sagt Hüttenwart Lauber. «Ich habe es oft erlebt, dass ich zwei oder drei Mal hintereinander auf dem Matterhorn war und jeden Tag unterwegs die gleichen Leute gesehen habe.» Der Berg ist nicht gefährlich, die Leute sind es. «Die Routenwahl ist nicht einfach», sagt Kurt Lauber, «aber erfahrene Alpinisten finden trotzdem den Weg. Natürlich brauchen sie länger als die Führer, nachmittags um zwei oder drei sind aber auch sie zurück.» In fünf Stunden hinauf und in vier wieder hinunter ist normal für Alpinisten mit Erfahrung oder mit einem Führer. Wer bei normalen Verhältnissen länger brauche, dem fehle es an Erfahrung oder an Kondition. Die Solvayhütte auf dem Hörnligrat markiert die Hälfte des Aufstiegs. «Wenn wir als Führer mit einem Gast bis zur Solvayhütte drei Stunden brauchen, ist das ein Zeichen, dass er konditionelle Probleme hat», sagt Hüttenwart Lauber. «Dann kehren wir meist um. Als Bergführer hat man die Verantwortung, den Gast auch wieder heil hinunterzubringen.»

Glück im Unglück, der Steinschlag in der Nordwand hinterliess nicht mehr als einen Kratzer im Gesicht dieses Kletterers. *Rechte Seite:* Die Matterhornnordwand ist ungeheuer ausgesetzt und überall äusserst schwierig.

Selbstüberschätzung und alpinistische Inkompetenz zwingt die Führerlosen, die Anfänger, die Grössenwahnsinnigen zu Biwaks, zu kalten Übernachtungen in der Solvayhütte, die in manchen Fällen allerdings schon eingeplant sind. Oder sie bringen sich damit um. Man erkennt sie an der Ausrüstung. Behängt mit ganzen Bündeln von Expressschlingen, Klemmkeilen und «friends», stehen sie am Morgen in der Hütte. Das braucht man da oben alles nicht. Sie klettern am zu langen Seil, lösen damit Steinschlag

Rettung oder Taxidienst?

Dank Longline-Technik hält der Heli Abstand vom Berg.

Das Handy mag schon unzähligen Menschen das Leben gerettet haben, für die Bergretter von Zermatt ist es gleichwohl ein Problem. Seitdem das Funktelefon in jedes Budget und in jede Berghose passt, sind Matterhornbesteiger noch sorgloser geworden als zuvor. Anruf genügt, und der Hubschrauber holt mich runter, das ist die Philosophie vieler. Mühsam versucht der Einsatzleiter der Air Zermatt (sie übernimmt im Auftrag der Schweizerischen Rettungsflugwacht REGA Einsätze in der Region) jeweils herauszuhören, ob ein Anrufer, eine Anruferin tatsächlich in Not ist oder nur müde Beine hat. Im Zweifelsfall muss der Heli in die Luft, denn ein einziger fataler Irrtum bringt die Retter vor Gericht. Wer Gönnermitglied der REGA ist, bezahlt für den Flug nichts, was die Sache noch attraktiver macht. Wer den REGA-Ausweis nicht besitzt, muss fürs Abgeholtwerden mit Kosten von mindestens eintausend Schweizerfranken pro Person rechnen. Viele «Verletzte» fragen deshalb als Erstes (per Handy) nach dem Preis. Hier geht es nicht um Geld, sondern um Bergnot, entweder ihr braucht Hilfe, oder ihr braucht keine, und das müsst ihr selbst entscheiden, lautet dann jeweils die Antwort aus der Hubschrauberbasis Zermatt. Zwei unverletzte, aber erschöpfte Ungarn verzichteten auf den Taxidienst, stiegen aus eigener Kraft ab, und einer stürzte die ganze Ostwand hinunter. Zum bitteren Glück für die Retter hatten die Ungarn den Entschluss selber gefasst.

Acht Hubschrauber stehen in Zermatt für Bergrettungen bereit, einhundertzwanzig Mann, Bergführer und Helfer, kommen bei grossen Suchaktionen zum Einsatz. Das Matterhorn ist für die Retter Ziel Nummer eins. Nahezu die Hälfte aller Bergrettungen ab Basis Zermatt gelten im Sommer ihm, der Rest verteilt sich auf die übrigen achtundzwanzig Viertausender der Gegend.

Dabei ist Retten am Matterhorn ungemein viel komplizierter als an anderen Gipfeln. Die makellose Pyramidenform, weltweit bestaunt und bewundert, bedeutet für die Retter aus der Luft harte Knochenarbeit. Um Bergsteiger aus den lückenlos steilen Graten und Wänden des Horns zu holen, setzt die Air Zermatt ein zweihundertzwanzig Meter langes Windenseil ein, an dem sich der Bergführer zum Verunfallten hinunterlässt. Die Longline-Technik erfordert von Piloten und Rettern grösste Präzision, ein einziger Windstoss (und gerade am Matterhorn sind heftige Böen häufig) kann für alle tödlich enden.

Vierhundertfünfzig Leichen hat Zermatts Rettungschef Bruno Jelk in seiner zwanzigjährigen Karriere schon geborgen, nicht alle vom Horn, aber die meisten. Retter sprechen nicht gern darüber, wie die Gestürzten aussehen. Zu schrecklich, alles offen, nackt, die Hälfte weg. Um die Sturzgefahr zu mindern, haben die Zermatter an heiklen Passagen Fixseile angebracht und Haken geschlagen, doch solche Aktionen lösen in Alpinistenkreisen, besonders in englischen, stets Empörung aus. Alle Pläne, die Matterhornbesteiger vor dem Einstiegsfelsen auf ihre Fähigkeit am Berg hin zu prüfen, scheiterten an der Machbarkeit. Wäre der Einstieg ins Matterhorn eine hundert Meter hohe Wand im vierten Klettergrad, würde die Selektion von selber funktionieren, sagen die Retter.

Doch so bleibt ihnen nichts anderes übrig, als überforderte und unbedarfte Bergsteiger, die in echte oder eingebildete Not geraten, im Zweifelsfall vom Horn zu holen. Wenn sie wenigstens dankbar wären! Einer, der im obersten Drittel das Bein brach und den Einsatz von elf Rettern bei gefährlichen Bedingungen nötig machte, beklagte sich später, man habe seinen Rucksack liegen gelassen, ja gar gestohlen. Einer, der auf dem Matterhorngletscher in eine Spalte fiel und gerettet wurde, weigerte sich, die aufwändige Spaltenrettung zu bezahlen, da er, wie er geltend machte, auch allein wieder aus der Spalte gekommen wäre – mit seinem Taschenmesser.

Der Rettungsmann hängt zweihundert Meter unter dem Heli.
Kleines Bild oben : Mit der Rettungsstange zieht er sich zur Wand.

aus, die Hauptgefahr am Hörnligrat. Sie wissen nicht wohin mit den grossen Schlingen in den Händen, die sie eigentlich zum Klettern bräuchten. «Die Seilhandhabung am Matterhorn ist speziell», sagt Rettungschef Jelk. «Man geht am ganz kurzen Seil, damit man den Nachsteigenden halten kann, wenn er ausrutscht.» Nur an wenigen Stellen klettert der Seilerste vor und sichert den Zweiten nach. «Wer zu wenig Erfahrung hat in solchem Gelände», sagt Hüttenwart Lauber, «verliert mit der Seilhandhabung Zeit, findet die Route nicht, ermüdet, verliert die Konzentration. Wenn das Wetter schlecht wird, ist er nicht im Stand, schnell abzusteigen, und dann fangen die Probleme an.»
Der erschöpfte Schwabe, der junge Franzose, dessen Nerven zerrieben waren, in einem Wettersturz. «Die Leute sind sich nicht bewusst», sagt Kurt Lauber, «wie dramatisch das am Matterhorn ist.» Orkanwinde, Nebel, Schnee, grimmige Kälte. Die Orientierung geht verloren, der leichte Fels wird glitschig, unbegehbar für schlechte oder mittelmässige Alpinisten. Wenn es einschneit, gibt es für Rettungschef Jelk und seinen Stellvertreter Lauber Einsätze, meist mit dem Heli, aber auch zu Fuss, das ist so sicher wie das Amen in der Kirche. «Wenn Schnee kommt», sagt Bruno Jelk, «ist Feierabend, dann kommen viele nicht mehr vorwärts und nicht mehr zurück, und man muss sie nach zwei, drei Tagen holen.» Hundertzwanzig, hundertdreissig Mal rücken sie aus jeden Sommer, vierzig bis fünfzig Prozent der Einsätze gelten Bergsteigern am Matterhorn.
Beim Frühstück am nächsten Tag um fünf Uhr Hektik. Die Hüttencrew hastet von Tisch zu Tisch, die Matterhornaspiranten stürzen sich auf Brot und Konfitüre, Schachtelkäse und Kaffee. Der erste Tisch ist schon leer gegessen, gierig bedienen sich die gehetzten Alpinisten vom nächsten, man muss was im Bauch haben, sonst hält man nicht durch. «Man sagt, auf 8000 Metern hört die Rücksichtnahme auf», meint Hanno, der Kletterer aus der Steiermark, «auf Modebergen bewegt sich die Grenze entsprechend nach unten.» Rucksäcke packen, Klettergurte und Stirnlampen montieren, das Seil über die Schulter hängen und rasch, rasch raus aus der Hütte.

Rechte Seite:
Das Gipfelkreuz steht auf dem «Italienischen Gipfel», am westlichen Ende des Gipfelgrats.
Unten:
Bergsteigen live. Von der Terrasse der Matterhornhütte aus überblicken Hüttenwanderer den ganzen Hörnligrat.

Wer ist der Erste am Einstieg, wer steht als Letzter im Stau? Die Bergführer nehmen es gelassener. Sie seilen ihren Gast schon in der Hütte an und führen ihn am kurzen Seil hinaus ins Dunkel wie einen unberechenbaren Hund, den man pausenlos unter Kontrolle halten muss.
Hanno stellt den Höhenmesser ein, schlüpft in die Rucksackriemen. Er will das Horn mit Kuno überschreiten, über den Hörnligrat hinauf und über den Liongrat nach Breuil hinunter.
«Was habt ihr jetzt für ein Gefühl? Angst? Den Bammel?» «Angst nicht», sagt Hanno, «Respekt.»
«Mir machen die Leute Schiss», sagt Kuno.
Diesen Umstand empfindet er «als eine ganz besondere alpinistische Situation». Angst vor Menschen, vor dem Ellenbogenkampf im Stau, bei dem auch schon Faustschläge ausgeteilt wurden, Angst vor Steinschlag, den Vorauskletternde auslösen. Angst vor Überholmanövern an schwierigen Stellen. Das ist für Kuno neu. Aber keiner, der herunterkommt, weiss davon nichts zu erzählen. «Die fixen Seile oberhalb der Schulter waren der absolute Alptraum, weil die Kletterer einander rempelten», berichtet der Engländer James M. Clash, der im Sommer 1999 für die Zeitschrift «Forbes live» auf dem Gipfel war. «Weil wir spät losgegangen waren, stürzten absteigende Kletterer von oben auf uns. Andere drängten von hinten nach. Unser Kletterseil verwickelte sich mit dem Fixseil und mit den Seilen anderer Partien. Schnee und Eis machten den Schlamassel noch grösser. Kathy (Clashs schottische Bergführerin) schrie mich an, ich solle vorwärts klettern. Schliesslich muskelte ich mich die verwirrten Seile hoch, ich war so fertig, dass mir alles egal war.» Rücksichtsloses Überholen sagt man vor allem den Schweizer Führern nach. «Die haben sich einfach durchgedrängt und sind über unser Seil hinweggeklettert», erzählte einer der erschöpften Schwaben. Clash gibt noch eins obendrauf: «Die Zermatter Führer kennen zwar ihre Berge, aber sie sind dafür berüchtigt, ihre Gäste zu hetzen.»
Über die Einstiegsfelsen bewegen sich zwei Lichterketten, auch in der Schutthalde darüber Stirnlampenlichter wie eine Prozession.

Seilgewirr und blanke Nerven. Abstieg in den untersten Felsen des Hörnligrats.
Rechte Seite: Erst das Flugbild zeigt die schlanke Pyramidenform und die Steilheit des Matterhorns.

Hundertzehn Kletterer sind heute unterwegs. «Im ersten Drittel der Route ist die Orientierung am schwierigsten», sagt Rettungschef Jelk. «Von den Führerlosen kennt kaum einer den Weg, darum laufen sie alle den Führern nach. Wenn es keine Stirnlampen gäbe – das wäre die wirkliche Katastrophe.» Im Juli ging ein Spanier zu früh los, allein, und kletterte nach den Einstiegsfelsen den Grat entlang auf einen Turm, statt sich in der Gratflanke an die Wegspuren zu halten. Er fiel hinunter, fünfzig Meter über der Hütte, und war tot, die erste Leiche von dreien in der Saison.

Nach einer Stunde hat sich der Stau aufgelöst. Der Himmel über dem Monte Rosa wird heller, die schwarze Masse des Matterhorns gewinnt Farbe. Weit oben, bei der Solvayhütte, schluckt das Tageslicht den Widerschein der Stirnlampen auf den braunen Felsen. Der Matterhorngletscher am Fuss der Nordwand liegt noch in dunkler, blaukalter Dämmerung. Auch dort bewegen sich zwei Lichter, doch nicht in die Wand hinauf oder zum Zmuttgrat hinüber, sondern auf den Hörnligrat zu. Jetzt trifft das Sonnenlicht den obersten Teil der Ostwand, orange-braun beginnt sie zu leuchten. Der Himmel ist wolkenlos, von einem tiefen Blau, in dem sich noch ein Rest der Nachtschwärze hält. Alpinisten klettern wie bunte Ameisen zwischen Einstiegsfelsen und Solvayhütte, am Gipfeldach sind zwei im Abstieg. Vater und Sohn, hat man in der Hütte reden hören, die zur Feier eines Geburtstags auf dem Gipfel biwakierten.

Die Hüttengäste sitzen beim Frühstück. Die Hüttencrew hat das Chaos der Gipfelstürmer weggeräumt. Kurt Lauber, der Hüttenwart, schläft. Zwischen dem Wecken um fünf und der Ankunft der ersten Tageswanderer holt er ein paar Stunden Schlaf nach. «Zu wenig Schlaf, das ist das Hauptproblem für den Hüttenwart», hat er gesagt, «in den letzten zehn Tagen war ich jeden Tag siebzehn, achtzehn Stunden auf den Beinen.»

Aus dem blauen, kalten Schatten der Nordwand steigen die zwei Kletterer vom Gletscher zum Hörnligrat herauf. «Kommt ihr von der Schönbielhütte, wolltet ihr zum Zmuttgrat?» «Nein, wir wollten in die Nordwand.»

Aber ein Eispickel ist bei einem Schlag auf einen Stein gebrochen, jetzt gehen sie halt über den Hörnligrat, auch wenn das nur halb so viel Spass macht. Einer der beiden war noch nie auf dem Gipfel.

«Aber man muss einfach auf dem Matterhorn gewesen sein, und wenns nur über den Hörnligrat ist.» Dass sie durch die Nordwand steigen wollten, wusste in der Hütte niemand. Sie haben auf einem der kleinen, eingeebneten Plätze in der Geröllhalde unter der Hütte das Zelt aufgestellt, keinen Fuss in die Hütte gesetzt, kein Bier getrunken, keinen Ausweis abgegeben. «Was die Leute vom Biwakplatz vorhaben, wissen wir nicht», sagt Lauber, «das entzieht sich vollkommen unserer Kontrolle.»

Zwölfhundert Höhenmeter Klettern – einmal hinauf, einmal hinunter. Euphorie, Durst und schmerzende Füsse.

Die ganze Ostwand liegt jetzt im Sonnenlicht und beginnt zu rumpeln. Steinschlag fegt vom Hörnligrat herunter, in den Couloirs hängt der Staub wie feine Nebelschwaden. Aus dem Gletscherabbruch auf der Höhe der Hütte löst sich ein Sérac und donnert auf die tiefer liegende Gletscherterrasse. Um elf Uhr erreichen die ersten Kletterer den Gipfel, die letzten krebsen noch weit unter der Solvayhütte in der zerklüfteten Gratflanke herum. Die letzten Hüttenbesucher verlassen die Terrasse vor dem Hotel Belvédère, werfen einen letzten Blick durch den Feldstecher oder auch keinen. Denn was sie zu sehen bekämen, haben sie gestern schon gesehen, winzige Figuren in braunem oder grauem zerrissenem Fels. Das Wetter bleibt prächtig, darum treffen sie in den Kehren unter der Hütte ihre eigene Ablösung. Hüttenwanderer. Dann Alpinisten. Sie steigen zum Schwarzsee hinunter, im Rücken dieser rotbraune Schutthaufen, dieser gigantische Käsebissen, der Alpinisten wie Mäuse anlockt.

Und der Getränkehändler Christian Reiser und die drei Andorraner, die vor drei Tagen bei Sturm und Graupeln eingestiegen und im Nebel verschwunden sind? Um zwölf Uhr dreissig kam eine deutsche Seilschaft, die vor ihnen eingestiegen war, vom Hörnligrat zurück und hatte sie nirgends gesehen. Waren sie abgestürzt? Hatten Jelk oder Lauber sie herausholen müssen? «Nein, die kamen abends um neun aus eigener Kraft zurück. Auf dem Gipfel sind sie wahrscheinlich aber nicht gewesen», sagt Hüttenwart Lauber.

«Was, nicht auf dem Gipfel gewesen?», ruft Reiser ins Telefon. Er war eine halbe Stunde nach den Andorranern eingestiegen. Sicht

Rechte Seite: Die Rückkehr der Helden. Begeistert die Erfolgreichen, enttäuscht die Gescheiterten. *Folgende Doppelseite:* Für viele ist der Berg mehr als ein Haufen toter Steine. Ein japanischer Hüttenbesucher verabschiedet sich vom Matterhorn.

hatte er keine. Vor ihm kletterten noch zwei Seilschaften. «Die waren überfordert und aggressiv», erzählt Reiser, «einer trat einen Stein los, der mich am Oberschenkel traf. Wenn der von weiter oben gekommen wäre, wäre der Knochen jetzt entzwei.» Bei der Solvayhütte holte er die Andorraner ein. Sie hatten fünfundvierzig Meter Seil dabei, er fünfzig. Wenn sie zusammengingen, könnten sie hernach lange Strecken abseilen. Also schlossen sie sich zusammen. Auf der Schulter lag so viel Neuschnee, dass keine Spuren mehr zu sehen waren. «Da oben ist es tierisch steil», sagt Reiser. Der Gipfelhang war vereist und eingeschneit, sie mussten auf den Frontzacken gehen, zum Glück hatte Reiser ein Eisgerät dabei. Ein Gewitter brach los. «Aber hundertfünfzig Meter unter dem Matterhorngipfel», meint Reiser, «lässt man sich von nichts mehr abhalten.» Sie verbrachten auf dem Gipfel kaum eine Minute, dann seilten sie sich zur Solvayhütte ab. Einmal liess sich das Seil nicht einziehen, und Reiser musste wieder hoch, um es zu lösen. Nach der Mosleyplatte unter der Solvayhütte war es Schluss mit dem Abseilen. Die Orientierung wurde schwierig, denn die Sicht war schlecht. Die Andorraner hielten sich an die alten Abseilschlingen, die aber allesamt in die Irre führten, deshalb kletterte Reiser voraus. Er suchte im Schutt nach der Route herum, und sie verloren Zeit. Es wurde finster, die Müdigkeit machte sich bemerkbar. Aber um 21.00 Uhr waren sie wieder bei der Matterhornhütte. Reiser ging eine Stunde später schon wieder los, nach Zermatt hinunter. Als er im Dorf ankam, war der letzte Zug schon weg, und weil er das Geld für ein Taxi nicht auslegen wollte, lief er zu Fuss nach Täsch, wo sein Auto stand.

BERGHAUS
MATTERHORN &
HÖRNLI - HÜTTE
3260 MüM

Selbstüberschätzung kann tödlich sein

Oswald Oelz ist Arzt und Bergsteiger, sein Spezialgebiet sind die akute Bergkrankheit und das Höhenödem. Seit Jahren betreibt er eine medizinische Forschungsstation in der Capanna Regina Margherita auf 4554 Metern ü.M. im Monte-Rosa-Gebiet gleich gegenüber dem Matterhorn. Oelz hat unter anderem die Seven Summits, die höchsten Gipfel der sieben Kontinente, bestiegen. Das Matterhorn kletterte er einmal über den Zmuttgrat und einmal durch die Nordwand.

Oswald Oelz, warum passieren am Matterhorn so viele Unfälle?

Alle berühmten Berge der Welt ziehen Leute an, die eigentlich nicht dahin gehören. Man kennt das Problem ja vom Mount Everest. Wie der Everest ist auch das Matterhorn eine Perle in der Schatzsammlung jedes Bergsteigers. Es gibt Unzählige, die auf dem Matterhorn an die absolute Grenze ihrer Leistungsfähigkeit kommen, aber für den Rest ihres Lebens glücklich sind, es gemacht zu haben.

Ist es verantwortbar, solche Leute aufs Matterhorn zu lassen?

Bergsteigen ist ohnehin unverantwortbar. Wer auf Berge steigt, geht immer ein Risiko ein, und wer sein Ziel nicht seinen Fähigkeiten entsprechend wählt, erhöht dieses Risiko enorm. Aber die Freiheit, selber zu entscheiden, müssen wir uns erhalten. Jeder darf aufs Matterhorn, das kann man nicht regulieren. Das Spektrum der menschlichen Leistungsfähigkeit ist sehr breit. Leistungsfähigkeit hängt ab von der Konstitution, vom Training und von der Erfahrung.

Was meinen Sie ist der Hauptgrund für die Stürze am Matterhorn?

Der Hauptgrund ist Hybris, also Selbstüberschätzung. Die meisten stürzen ab, weil sie ihre Fähigkeiten überschätzen, weil sie nicht gut genug klettern können oder nicht gut genug trainiert sind. Ungenügende Ausrüstung ist heute praktisch kein Grund mehr, und natürlicher Steinschlag ist nur in seltenen Fällen die primäre Unfallursache.

Wie reagiert der Körper auf die Selbstüberschätzung?

Wenn der Körper die mobilisierbaren Zuckerreserven aufgebraucht hat, läuft er nur noch auf Fettverbrennung, und das schwächt. Dazu kommt oft auch Hypothermie, also Unterkühlung. Sie kann sehr rasch einsetzen, vor allem wenn es schneit oder wenn man durchnässt ist. Schwäche und Unterkühlung machen ungeschickt und führen zu Fehlern und Stürzen.

Gibt es am Matterhorn auch Bergtod durch Erschöpfung?

Ja. In schwierigen Situationen, zum Beispiel bei Wetterumstürzen, tritt als Folge von Schwäche und Hypothermie Resignation ein. Man bringt die psychische Energie nicht mehr auf, um seine Reserven zu mobilisieren, weiterzukämpfen und sich selbst zu retten. Dann bleiben die Leute am Matterhorn sitzen und erfrieren.

Überfordert, gestürzt, erfroren. Mehr als fünfhundert Mal endete das Abenteuer Matterhorn tödlich.

Ist auch Angst ein unfallfördernder Faktor?

Eine gute Dosis Angst ist lebenswichtig. Die Angst sagt uns, was wir besser nicht tun sollten, was für uns gefährlich werden könnte. Ohne sie lebt man in den Bergen nicht lange. Wird Angst allerdings übermächtig und lähmend oder führt sie zu Panikreaktionen, dann ist sie gefährlich.

Kann es am Matterhorn zu Problemen mit der Höhe kommen?

Durchaus. Lungenödeme gibt es am Matterhorn allerdings kaum, da man in der Matterhornhütte noch auf moderater Höhe übernachtet und danach nur während zwölf bis zwanzig Stunden in noch grösserer Höhe ist. Ein Lungenödem braucht länger, um sich zu entwickeln. Akute Bergkrankheit, also Kopfweh und Übelkeit, kommen aber durchaus vor, und sie beeinträchtigen die Leistungsfähigkeit.

Wie kann man der Bergkrankheit vorbeugen?

Wer aufs Matterhorn steigt, sollte schon mehrere andere Viertausender gemacht und dabei erfahren haben, wie höhentauglich er oder sie ist. Es ist keine gute Idee, von Zürich, München oder Wien anzureisen, tags darauf das Matterhorn zu machen und dann wieder nach Hause zu fahren. Man sollte sich das Matterhorn als Abschluss eines Bergurlaubs vornehmen und vorher ein paar leichtere Viertausender besteigen. So ist man auch leistungsfähiger und kann es mehr geniessen.

Ist Kopfweh am Hörnligrat schon ein alarmierendes Zeichen?

Ja. Kopfweh und Übelkeitsgefühle sind Symptome für akute Bergkrankheit, sie befällt das Hirn. Ist man nur fünfzig Meter unter dem Gipfel, kann man sich schon noch durchbeissen. Wacht man aber morgens in der Matterhornhütte bereits mit Kopfweh auf und bringt das Frühstück kaum hinunter, dann sollte man nicht aufs Matterhorn. Auch wenn die Symptome während des Aufstiegs auftreten, müsste jeder und jede mit einem Rest von Verstand eigentlich umkehren.

Alle Wege führen aufs Horn

Hörnligrat (Nordostgrat) Auf der Schweizer Seite beginnt die Normalroute mit der Wanderung von Zermatt-Schwarzsee zur Matterhornhütte (früher Hörnlihütte, 3260 m ü.M.) und dem benachbarten Berghotel Matterhorn (früher Hotel Belvédère). Eine fünf- bis sechsstündige Klettertour über den Hörnligrat führt von hier zum Gipfel. Auf halbem Weg liegt die als Notunterkunft errichtete, oft aber als Zwischenstation missbrauchte Solvayhütte (4003 m ü.M.).

Liongrat (Südwestgrat) Die italienische Normalroute führt vom Rifugio dell'Oriondé (auch Rifugio Duca degli Abruzzi, 2802 m ü.M.) in bereits anspruchsvollem Klettergelände über den Colle del Leone zum hoch gelegenen Rifugio Carrel (3829 m ü.M.). Von hier via Liongrat ist der Gipfel in vier- bis fünfstündiger Kletterei zu erreichen.

Zmuttgrat (Nordwestgrat) Klettertechnisch wesentlich anspruchsvoller als die beiden Normalrouten ist

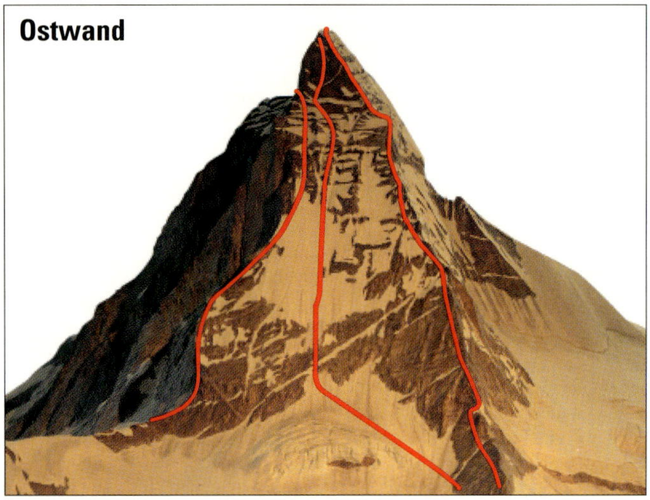

links Furgggrat, rechts Hörnligrat

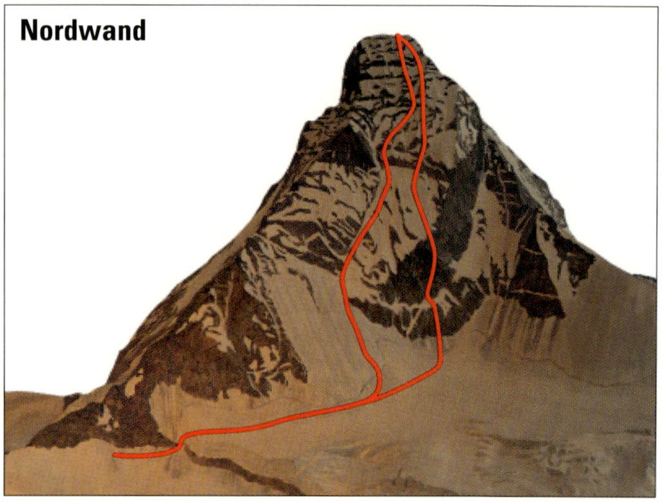

links Schmid-, rechts Bonattiroute

In hundert Jahren domestiziert

1865 Den Bergführern Michel-Auguste Croz, Peter Taugwalder Vater und Sohn sowie ihren englischen «Herren» Charles Hudson, Francis Douglas, Edward Whymper und Robert Hadow gelingt die Erstbesteigung des Matterhorns über den Hörnligrat; beim Abstieg stürzen vier der Pioniere in den Tod. Drei Tage später erreicht der italienische Bergführer Jean-Antoine Carrel den Gipfel über den Liongrat.

1867 Auf der so genannten Cravatte, einem Schneeband am italienischen Liongrat, entsteht die erste Schutzhütte mit sechs Schlafplätzen.

1868 Der Engländer John Tyndall überschreitet das Matterhorn erstmals von Breuil nach Zermatt. Im selben Jahr entsteht am Hörnligrat die erste Schweizer Schutzhütte für acht Personen.

1871 Die Engländerin Lucy Walker erreicht als erste Frau den Gipfel des Matterhorns.

1875 Eine italienische Fünferseilschaft um Jean-Antoine Carrel schafft es erstmals, das Matterhorn via Hörnligrat im Winter zu besteigen.

1879 Nach Hörnli- und Liongrat wird nun auch der weit schwierigere Zmuttgrat erklettert.

der Aufstieg über den nordwestlich gelegenen Zmuttgrat. Ausgangspunkte sind die Matterhornhütte, die Schönbielhütte (2694 m ü.M.) oder das unmittelbar am Fuss des Grates gelegene Lonza-Biwak (2974 m ü.M.).

Furgggrat (Südostgrat) Der Furgggrat ist zwar leicht erreichbar, alpinistisch aber sehr schwierig. Von allen vier Graten wird er deshalb am seltensten begangen. Der Einstieg erfolgt via Matterhornhütte oder via Rifugio dell'Oriondé über das Breuiljoch. Als Notunterkunft dient das am Joch gelegene Bivacco Bossi (3323 m ü.M.).

Die Wände Die vier Matterhornwände sind schwierig und objektiv gefährlich. Öfter begangen werden nur Ost- und Nordwand. Die verschiedenen Routen durch die Matterhornnordwand zählen zu den schwierigsten kombinierten Routen in den Hochalpen.

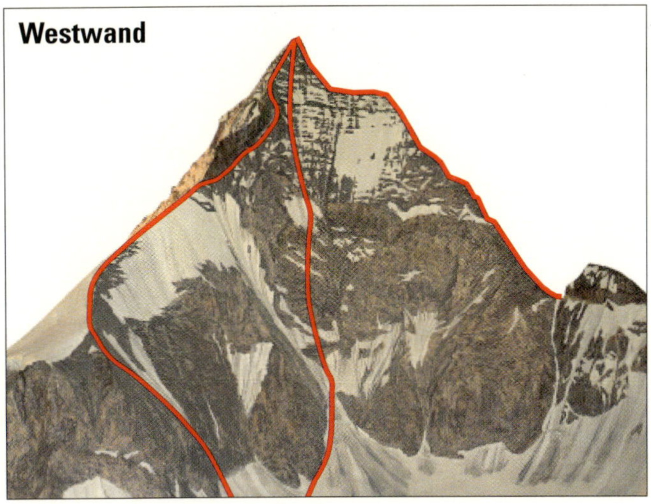

links Zmuttgrat, rechts Liongrat

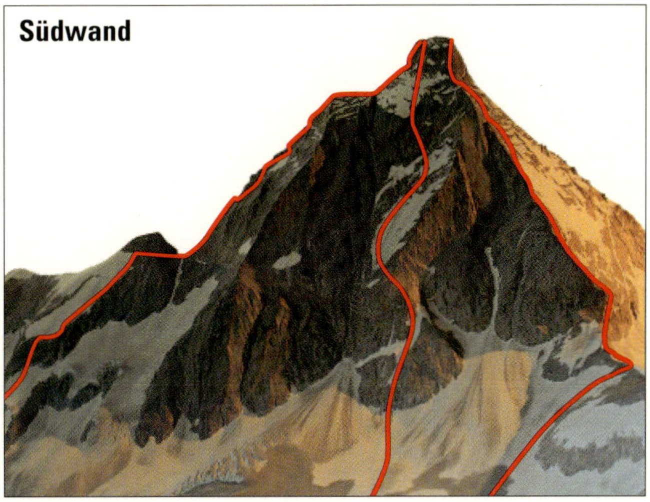

links Liongrat, rechts Furgggrat

1901 Film ab! Zum ersten Mal wird eine Matterhornbesteigung über den Hörnligrat gefilmt.

1911 Eine italienische Seilschaft bezwingt noch den vierten und steilsten Grat, den Furgggrat.

1923 Erstmals versuchen Bergsteiger, die berüchtigte Nordwand des Matterhorns zu begehen; sie müssen aufgeben. Auch zwei weitere Versuche misslingen.

1931 Einer italienischen Seilschaft gelingt der Aufstieg durch die Südwand des Matterhorns. Im gleichen Jahr radeln die Brüder Franz und Toni Schmid von Deutschland nach Zermatt und bezwingen als Erste die Matterhornnordwand.

1932 Nach Süd- und Nordwand wird nun auch die Ostwand zum ersten Mal lückenlos begangen.

1962 Erst dreissig Jahre nach der Ostwand fällt noch die letzte Flanke des Matterhorns: Zwei Kletterer durchsteigen die Westwand bis zum Gipfel.

1965 Der Italiener Walter Bonatti bezwingt die Nordwand im Winter, allein und auf einer neuen Route. Im Sommer darauf schafft die Schweizerin Yvette Vaucher die Nordwand als erste Frau. Mit diesen zwei Sensationen findet die Domestizierung des Matterhorns nach genau einhundert Jahren ihr Ende.

Drama mit Folgen:

«Taugwalder hat das Seil durchgeschnitten!» Kaum hatte sich die Nachricht von dem schrecklichen Unfall am Matterhorn in Zermatt herumgesprochen, die vier Toten vom Matterhorngletscher waren noch nicht geborgen, da ging das Gerücht schon durchs Dorf. Was

Edward Whymper als 25-Jähriger. Vier der sieben Erstbesteiger waren Jugendliche. *Vorhergehende Doppelseite:* Das Matterhorn von Süden. Hier unternahm Whymper sieben vergebliche Versuche.

nützte es dem Bergführer Peter Taugwalder Vater, dass er seine vom Seil geschundenen Hände zeigte! Er hatte überlebt, zusammen mit seinem Sohn, der ebenfalls Peter hiess, und dem Engländer Edward Whymper. Vier Bergsteiger, unter ihnen der berühmte Führer Michel-Auguste Croz aus Chamonix, waren in den Tod gestürzt. Brauchte es da noch eine Erklärung? Das Seil sei zwischen ihm und Lord Douglas gerissen. Das Seil gerissen? War er, Taugwalder, nicht der Einzige im Dorf gewesen, der das Matterhorn für besteigbar hielt und es auch besteigen wollte? Ausserdem hatte Pfarrer Ruden kurz vor der Katastrophe gepredigt: «Die Zeit wird kommen, da die Herrschaften, welche die goldenen Dublonen und den fremden Geist in unser Tal bringen, auch unser schrecklich schönes Horn besteigen werden. Gott möge sie strafen und unseren Führern verzeihen.» Die Prophezeiung war wahr geworden, aber Gott würde Taugwalder nicht verzeihen. Er strafte ihn mit einer furchtbaren Schuld.

Kurz nach dem Unglück am Matterhorn, das im Sommer 1865 die Spalten der Zeitungen füllte, behauptete der österreichische Schriftsteller Alfred Meissner in einem Brief an die Wiener «Neue Freie Presse», nicht Taugwalder, sondern Edward Whymper, dem der Ruhm der Erstbesteigung zugefallen war, habe zum Messer gegriffen und vier seiner sechs Gefährten in den Tod geschickt, um sich selbst und die beiden Taugwalder zu retten. Das Gerücht machte die Runde in der Presse Europas, obwohl es offenkundiger Unsinn war. Und noch hundertdreissig Jahre später, 1995, suggeriert der Journalist Bertrand Monnard von der Zeitschrift «L'Hebdo» in einem Artikel

Die Erstbesteigung

über Zermatt dasselbe: «Whymper avait-il coupé la corde pour éviter de basculer lui aussi?» – sensationslüsterne Spekulation, die verleumderisch ist, wenn auch nur postum. Dass sie aus der Luft gegriffen ist, weiss man mit Bestimmtheit seit 1920, als die Untersuchungsprotokolle der Walliser Behörden zum Unglück am Matterhorn veröffentlicht wurden.

Am 14. Juli 1865 nachmittags etwa um zwanzig vor drei machten sich auf dem Matterhorngipfel sieben Männer für den Abstieg bereit. Sie hatten eine Stunde auf dem letzten der noch unbestiegenen Viertausender rund um Zermatt verbracht, hatten ihren Gipfelsieg und den Triumph über die Italiener gefeiert, die einige hundert Meter tiefer auf dem Liongrat kletterten. Weit unten und winzig klein traten der verräterische Jean-Antoine Carrel und seine Mannschaft den Rückzug an, als sie Whymper und Croz auf dem italienischen Gipfel entdeckten. Die sieben hatten gerastet und das Panorama bewundert, und wenigstens einer unter ihnen hatte mit seiner Begeisterung die Angst vor dem Abstieg niedergehalten: der neunzehnjährige Engländer Robert Hadow. Er war noch nie richtig im Fels geklettert, in den steilen Felsen unter dem Gipfeldach hatte er fast die Nerven verloren. Die beiden Peter Taugwalder, Vater und Sohn, hatten ihn regelrecht auf den Gipfel hieven müssen.

Whymper kurz vor seinem Tod. Die Tragödie am Matterhorn überschattete sein Leben. 1911 starb er einsam in Chamonix.

Anseilen. In welcher Reihenfolge dies geschah, bestimmten nach den Gepflogenheiten der Zeit die «Herren»: Edward Whymper, fünfundzwanzig Jahre alt, und Reverend Charles Hudson, der mit seinen siebenunddreissig Jahren der zweitälteste der Partie war. Die Führer Croz und Taugwalder, Vater und Sohn, hatten dazu nichts zu sagen.

An der Spitze, so kamen Hudson und Whymper überein, würde am besten Croz als der Erfahrenste absteigen, nach ihm Robert Hadow. Croz würde ihm die Füsse in die richtigen Tritte stellen können. Auf Hadow folgte auf eigenen Wunsch Reverend Hudson, damals wohl der stärkste unter den kletternden Amateuren in den Alpen. Taugwalder Vater, Croz und Whymper billigten ihm Führerqualitäten zu. Vielleicht wollte Hudson seinen Freund Hadow, für den er sich ver-

WHYMPER SC.

antwortlich fühlte, selbst sichern. Vierter der Seilschaft war Lord Francis Douglas, achtzehn Jahre alt, aber ein geübter Alpinist. Am 6. Juli hatte er mit Peter Taugwalder Vater die Wellenkuppe erstbestiegen, ein paar Tage später als Erster das Obergabelhorn überschritten. Taugwalder Vater sollte der Fünfte in der Seilschaft sein, Whymper der Sechste, Peter Tauwalder Sohn machte den Schluss.

Die ersten Panorama-Aufnahmen vom Matterhorngipfel entstanden noch vor 1900. Rechts im Bild der «Schweizer Gipfel».
Linke Seite: Gipfelsieg! Whymper rückt sich selbst ins Bild. Er ist zum «Italienischen Gipfel» hinübergeeilt – und hat von seinem Rivalen Carrel keine Spuren gefunden.

Während sie anseilten, war Whymper damit beschäftigt, den Gipfel zu skizzieren. Einem der sieben fiel ein, man habe vergessen, die Flasche mit den Namen der Erstbesteiger in den Gipfelfelsen zu deponieren, Whymper solle es nachholen. Während Whymper dies tat, machten sich Croz, Hadow, Hudson und Douglas auf den Weg über das steile Gipfeldach hinunter. Die beiden Taugwalder warteten auf Whymper. Vater Taugwalder dauerte es wohl zu lange, möglich auch, dass er sich dazu verpflichtet fühlte, Lord Douglas, seinen «Herren», in dem schwierigen Abstieg von oben zu sichern – er ging ohne Whymper und seinen Sohn vom Gipfel weg, holte die Viererseilschaft bald ein und seilte sich an Lord Douglas an. Unterdessen hatte sich Whymper mit Peter Taugwalder Sohn angeseilt. Sie holten die Fünferseilschaft mit Croz an der Spitze ein, als sie gerade den schwierigsten Abschnitt erreichte, eine Querung in der Nordwand. Das Gipfeldach verwandelte sich hier in eine vereiste Felsflanke, die in die Nordwand abbrach – tausend Meter Luft und Leere, in nicht auslotbarer Tiefe der Matterhorngletscher, in unerreichbarer Ferne die Häuser von Zermatt.
Whymper hatte mit Hudson abgesprochen, dass an dieser Stelle zur Sicherheit ein Fixseil angebracht werden sollte. Taugwalder Vater machte dem führenden Croz denselben Vorschlag. Croz, gab Vater Taugwalder später zu Protokoll, antwortete, dies sei nicht nötig, und Whymper, der dichtauf folgte, bestand nicht darauf. Lord Douglas wandte sich nach Whymper um und bat ihn, sich an Taugwalder Vater anzuseilen, er fürchte, der Alte würde den Sturz nicht halten können, wenn jemand rutschte. Whymper löste den Seilrest, den er um die Brust geschlungen hatte, und seilte sich bei Taugwalder Vater an. Jetzt kroch eine Siebenerseilschaft durch das Steilgelände. Wer die Seilschaft führte, war nicht abgemacht. Hier und dort wird das

Seil lose durchgehängt haben, Taugwalder Vater hatte es, wie sein Sohn später berichtete, ab und zu zur Sicherung um einen Block gelegt. Die Kletterer hatten mit ihren genagelten Schuhen keinen sicheren Stand im vereisten Fels. Croz stieg ein paar Schritte ab, legte die Eisaxt nieder, wandte sich nach Hadow um, der über ihm stand, und setzte ihm die Füsse sorgfältig in kleine, glitschige Tritte. Er wandte Hadow wieder den Rücken und schickte sich an, weiter abzuklettern, da rutschte Hadow aus, stürzte, fiel auf Croz' Rücken. Croz stiess einen erschreckten Laut aus, stürzte mit. In demselben Augenblick riss der Seilzug Hudson aus dem Stand, Lord Douglas einen Sekundenbruchteil später. Taugwalder Vater, Whymper und Taugwalder Sohn, der hinter einem Felsvorsprung stand und den Vorgang nicht sehen konnte, klammerten sich bei Croz' Schreckensruf mit aller Kraft an den Fels. Weil das Seil zwischen ihnen gespannt war, traf sie der Fangstoss «wie einen Mann». Doch das Seil riss in der Luft zwischen Taugwalder Vater und Lord Douglas. «Für einige Sekunden sahen wir unsere unglücklichen Kameraden auf ihren Rücken in die Tiefe schliddern und ihre Hände ausbreiten im Versuch, sich zu retten. Sie gerieten aus unserer Sicht, unverletzt, verschwanden einer nach dem anderen und fielen von Abgrund zu Abgrund auf den Matterhorngletscher hinunter, eine Distanz von beinahe viertausend Fuss in der Höhe.» So erinnerte sich Whymper.

Bildjournalismus damals. Gustave Doré illustrierte den Absturz nach dem Hörensagen. Er liess die vier Unglücklichen auf die linke Seite des Grates stürzen, in die Ostwand.

Peter Taugwalder Vater gab später zu Protokoll, er habe sich, um sich besser halten zu können, gegen den Berg gedreht, und weil das Seil zwischen ihm und Whymper glücklicherweise nicht gespannt gewesen sei, habe er es um einen Felsblock legen können, was ihm die notwendige Kraft gegeben habe, sich zu retten. Sich, Whymper und seinen Sohn, der hinter seinem Felsvorsprung rief: «Seid Ihr noch da, mein Vater?»

Das Unglück am Matterhorn war nicht der erste Bergunfall des «Goldenen Zeitalters» des Alpinismus, aber es war der spektakulärste. Zwei Seilschaften, eine englische und eine italienische, liefern sich auf zwei verschiedenen Graten ein Wettrennen am letzten unbestiegenen grossen

Alpengipfel. Vier Alpinisten stürzen in den Tod, unter ihnen ein Lord, ein Verwandter der englischen Königin, und der berühmteste Bergführer seiner Zeit. Ein Seilriss führt ihren Tod herbei! Nichts fehlte zur perfekten Pressesensation. Das Unglück am Matterhorn war eines der Urereignisse der Sensations-Berichterstattung. Aber da war noch mehr: Noch nie war ein Sturz in den Alpen so tief, so schrecklich, so vernichtend gewesen. Noch nie hatten Menschen ihr Leben unter dem Gipfel eines Bergs verloren, der wie das Matterhorn ein Mythos war, weil ihn der Nimbus der Unerreichbarkeit umgab.

Das Unglück warf Fragen auf, welche die Menschen in Westeuropa in der Mitte des 19. Jahrhunderts tief bewegten. Sie waren dabei, der Natur ihre Geheimnisse zu entreissen, ihre Gesetze zu enträtseln, Wildnisse urbar zu machen, Wüsten zu durchqueren, Kontinente zu erobern, auch den siebten: die eisige Höhe der Berge. Das Tabu, dass es auf dem Globus Regionen gebe, die der Mensch nicht betreten dürfe, war gebrochen. Doch die Frage, ob der Mensch das Recht dazu habe, war noch nicht entschieden. War es von moralischem Wert oder auch bloss moralisch verantwortbar, sein Leben für etwas so Nutzloses wie die Besteigung eines Berges zu riskieren? War es vernünftig, und wenn nicht, wie liess sich der Frevel gegen die Vernunft rechtfertigen? Dass die Erstbesteiger vom Gipfel des Matterhorns abgestürzt waren, hatte etwas von einer Bestrafung an sich, von einer Rache des Berges an seinen Bezwingern. Mochte die Vernunft dieser Betrachtungsweise auch widersprechen – die Tage, in denen man das Hochgebirge als den Aufenthaltsort von Geistern und toten Seelen gesehen hatte, lagen noch nicht weit zurück. Der alte Aberglaube verlieh dem Unglück jenen metaphysischen Schauder, der den trivialen Unfall erst zum Drama macht.

Vor allem die Londoner «Times» fuhr grobes Geschütz gegen Edward Whymper und den English Alpine Club auf. Sie setzte ihre Polemik gegen den Alpinismus und das alpinistische Tun am 27. Juli 1865 als Leitartikel auf die Frontseite und gab ihr damit das Gewicht eines welthistorischen Ereignisses. Nichts Positives liess der «Times»-

Absturz in die Nordwand. Die Illustration stellt die Unfallsituation richtig dar. Der Holzstich stammt trotzdem wohl nicht von Whymper, der die Umgebung vermutlich realistischer wiedergegeben hätte.

Whympers Versuche am Matterhorn. Der achte war erfolgreich und endete in der Katastrophe.

Kommentator am Kraxeln im Hochgebirge mehr gelten. Sein Text widerspiegelt einen Wandel des Alpinismus. Das Ende des «Goldenen Zeitalters» kündigte sich an. Was noch wenige Jahre zuvor als verdienstvolles Entdecken und Forschen im Dienst der Wissenschaft gegolten hatte, hatte sich in den Augen der Öffentlichkeit in blossen Sport verwandelt, in den Zeitvertreib einer Hand voll vermögender Exzentriker. Die Debatte war mehr als ein Strohfeuer. Queen Victoria notierte den Unfall in ihrem Tagebuch, und noch siebzehn Jahre später, als an der Aiguille Blanche, am Wetterhorn und an der Dent Blanche wiederum Engländer verunglückten, liess sie ihren Premierminister antreten und fragte nach, ob sich der Alpinismus für Angehörige des United Kingdom vielleicht verbieten liesse.

Im Alpinen Museum von Zermatt sind einige der wenigen Gegenstände ausgestellt, die von den Abgestürzten übrig geblieben sind. Reverend Hudsons Bibel, sein Hut. Croz' Rosenkranz. Ein Schuh von Lord Douglas, einer von Robert Hadow – wem welcher gehörte, ist bis heute umstritten. Über Croz' Rosenkranz kursieren wilde Geschichten. Das Kruzifix, das daran gehangen haben muss, fehlt. Es habe im Kieferknochen des toten Bergführers gesteckt, berichtet Ronald W. Clark, der ein Standardwerk über die Erstbesteigung des Matterhorns geschrieben hat, einer der englischen Herren, welche die Toten auf dem Gletscher fanden, habe es mit einem Taschenmesser herausgeschnitten. Wer Clark dieses makabre Detail verraten hat, weiss niemand. Mutmassungen, Gerüchte. Vom ersten Tag an begleiteten sie das Unglück am Matterhorn. Die Toten lagen zerschmettert auf dem Matterhorngletscher. «Alle waren nackt», schrieb Whymper, der die erste Rettungsmannschaft am 17. Juli begleitete, später an einen Freund, «und wir hatten Mühe, sie zu identifizieren.» Lord Douglas war nicht unter den Toten. Nur sein Gürtel und seine Handschuhe lagen im Schnee. Was war mit ihm geschehen? Hatte man von Schönbiel aus nicht vier Leichen auf dem Gletscher liegen sehen? War er am Ende gar nicht tot, war er über den Gletscher gekrochen und in eine Spalte gefallen, irrte er

Den Sieg verschlafen

Jean-Antoine Carrel, 1829 in Valtournenche geboren, war Edward Whympers grosser Gegenspieler in der dramatischen Besteigungsgeschichte des Matterhorns. Carrel hatte mit den Bersaglieri (Scharfschützen) gegen die Österreicher gekämpft, war nach der Schlacht von Novara Sergeant geworden und danach ins Valtournenche zurückgekehrt, wo er für sich und seine zwölf Kinder den Lebensunterhalt als Steinmetz, Jäger und Bergführer verdiente. Dreimal hatte ihn Whymper als Führer engagiert, dreimal waren sie zusammen am Liongrat gescheitert. Carrel war der einzige Führer, der die Eroberung des Matterhorns auf eigene Faust betrieb. Sein Ehrgeiz war es, den Cervino zu Ehren der jungen italienischen Nation zu erobern. Auch wenn sie in einer Seilschaft kletterten, waren Whymper und Carrel stets Konkurrenten. Nicht zuletzt diese Rivalität verhinderte den gemeinsamen Erfolg.

Im Sommer 1865 schaltete sich der neu gegründete italienische Club Alpino in den Kampf ums Matterhorn ein. Unter der Leitung des Turiner Ingenieurs Felice Giordano bereitete der Club einen

«Grossangriff» auf den Gipfel vor, Carrel würde ihn anführen. Material in rauen Mengen wurde zum Berg geschafft. Giordano sorgte dafür, dass Whymper in Breuil weder Träger noch Führer auftreiben konnte, und Carrel verabredete mit ihm zum Schein einen Versuch in der Ostwand. Am 11. Juli zog Carrel ohne Whymper zum Liongrat.

Der Bersagliere vertrödelte allerdings seinen Sieg. Whymper glaubte er für diesen Sommer ausgeschaltet zu haben und schob seinen Triumph ein wenig hinaus, um ihn später umso mehr zu geniessen. Am Morgen des

Carrel und Whymper verewigten sich mit ihren Initialen am Liongrat.

14. Juli, als Whymper schon seit Stunden am Hörnligrat kletterte, lag Carrel am Liongrat nämlich noch im Zelt und liess sich erst um sechs Uhr aus den Decken holen. Ein paar Stunden später sah er Croz und Whymper auf dem Gipfel stehen.

Carrels Niederlage war eine doppelte Blamage. Man hatte in Breuil die Menschen auf dem Gipfel für die italienische Seilschaft gehalten und den Sieg schon stürmisch gefeiert. Drei Tage später war die Schande jedoch vergessen. Am 17. Juli stand auch der Bersagliere oben, Erstbesteiger auch er, hatte er doch als Erster den Liongrat bezwungen.

Trotz «Verrat von Breuil» und demütigender Niederlage bewiesen Whymper und Carrel Sportsgeist: Als Whymper vierzehn Jahre später in die Anden reiste, nahm er Carrel mit und bestieg mit ihm zweimal den Chimoborasso. Carrel starb am 23. August 1891 am Fuss «seines» Liongrats an Erschöpfung. Er hatte in einem tobenden Sturm zwei Freunde vom Berg heruntergeführt und brach zusammen, nachdem sie sicheres Gelände erreicht hatten.

irgendwo umher? Schauergeschichten. «Wir liessen sie, wo sie gefallen waren», schrieb Whymper später in «Scrambles amongst the Alps», «begraben im Schnee am Fuss der grossartigsten Wand des erhabensten Bergs der Alpen.»

Dem Pathos dieses letzten Satzes lässt Whymper im nächsten eiskaltes Kalkül folgen. «Alle, die gestürzt waren, waren mit dem Manilaseil zusammengebunden oder mit dem zweiten, ebenso starken Seil. Und daraus folgt, dass es nur eine Verbindung gegeben hatte, für die das schwächere Seil verwendet worden war – die zwischen dem alten Peter und Lord Francis Douglas.»

Das schwächere Seil! Nachdem beim Sturz die Verbindung zwischen Lord Douglas und dem alten Peter gerissen war, hatte sich Whymper das Seilende zeigen lassen: «Ich stellte zu meiner Überraschung – ja, zu meinem Entsetzen – fest, dass es das schwächste der drei Seile war.» Das geflochtene Seil aus italienischer Faser! Whymper hatte es, bevor die stärkeren «Clubseile» aus Manilahanf aufgekommen waren, auf seinen Bergfahrten selbst verwendet, als Reserveseil hatte Taugwalder es aufs Matterhorn getragen. Als er sich am Gipfel von seinem Sohn und Whymper trennte und Lord Douglas ans Seil nahm, stand ihm kein anderes zur Verfügung.

Die Postkarte von 1900 zeigt den Weg zur Matterhornhütte in der Flanke des Hirli.

Whymper fährt fort: «Das (die Verwendung des schwachen Seils) sah sehr übel aus für Taugwalder.» Keiner der vier Abgestürzten hätte nämlich erlaubt, dass dieses Seil verwendet würde, da ja noch genügend stärkeres Material vorhanden gewesen sei. Es sei zwar unmöglich, dass Taugwalder das Seil durchschnitten habe – «doch anderseits, wenn Taugwalder dachte, dass es wahrscheinlich zu einem Unfall kommen werde, war es in seinem Interesse, das schwächere Seil dort zu haben, wo es war.»

Am 20. Juli wurden die drei Toten endlich vom Matterhorngletscher geholt und am nächsten Tag in Zermatt begraben. Am gleichen Tag fand im Hôtel du Cervin die gerichtliche Untersuchung statt, mit der die Walliser Behörden feststellen wollten, ob dem Unglück schuldhaftes Verhalten zu Grunde liege. Die Untersuchungskommission

Zermatt um 1890.
Bergführer warten
vor dem Hotel
Monte Rosa auf
Touristen.

verhörte Whymper und den alten Peter. Peter Taugwalder Sohn, der dritte Überlebende, hatte Zermatt bereits verlassen. Das Urteil war kurz und bündig: Ursache das Unglücks sei Robert Hadows Sturz gewesen, keinem der Beteiligten sei schuldhaftes Verhalten nachzuweisen, das Verfahren werde eingestellt. Whymper reiste ab, Taugwalder blieb in dem Dorf zurück, in dem die Gerüchtesuppe brodelte. Der Vorsitzende der Untersuchungskommission, Joseph Antoine Clemenz, verzichtete darauf, die Verhörprotokolle zu veröffentlichen, wohl, wie der Zermatter Schriftsteller Hannes Taugwalder mutmasst, «um nicht noch mehr Unruhe in die Gemeinde zu bringen». Er erreichte damit das Gegenteil. Als die Protokolle 1920 wieder ausgegraben und endlich der Öffentlichkeit zur Verfügung gestellt wurden, schrieb der Berner «Bund»: «Die rechtzeitige Veröffentlichung dieser (...) Seiten hätte gewissen Verdächtigungen, Anfeindungen und bösartigen Unterschiebungen den Riegel geschoben.»
Unterschiebungen. Whymper steuerte seinen Teil dazu bei. Er setzte die Geschichte von den geldgierigen Taugwaldern in die Welt, die noch im Abstieg von der Unglücksstelle angefangen hätten, von

Steigeisen, wie sie die Pioniere des «Goldenen Zeitalters» verwendeten. Whymper schrieb ihnen allerdings mehr Nachteile als Vorteile zu und verzichtete darauf.

Entlöhnung und lobender Erwähnung im Führerbuch zu reden. Wie manche Erzählung Whympers machte die Episode im Lauf der Zeit eine Verwandlung durch. Sie mutierte zu einer Horrorgeschichte, die sich in den Kreisen des Alpine Clubs verbreitete: Whymper habe die Biwaknacht nach dem Unglück am Hörnligrat mit dem Eispickel in der Hand verbracht, um sich die Taugwalder vom Leib zu halten, die Taugwalder, die sich überlegten, dass sich ihnen eine äusserst lukrative Zukunft eröffnete, wenn Whymper auch noch verschwände.

Auf solche Gräuelgeschichten hatte die Öffentlichkeit nur gewartet. Der Absturz am Matterhorn reizte und reizt bis heute die Fantasie der Schreiber. In Dutzenden von Versionen wurde der Unfall erzählt und wieder erzählt, zu Liebes- und Eifersuchtsdramen umgedeutet, zu Kriminalgeschichten verwurstet. Da buhlen zum Beispiel Vater Taugwalder und sein Säumerchef (!) Croz beide um die Gunst der schönen Markathrin. Taugwalder überredet Whymper, ihn als Führer aufs Matterhorn zu engagieren, er will der Schönen seinen Mut beweisen. Croz stürzt mit Hudson, Hadow und Douglas ab, Markathrin, die Croz und keinen anderen liebte, bezichtigt Taugwalder des Mordes. Dann verfällt sie dem Wahnsinn und stirbt. Das Motiv vom tückischen Bergführer, dessen Hand das Seil zerschneidet, ist immer für einen Schauder gut, denn mit dem Bergführer mordet einer, der eigentlich die verkörperte Verlässlichkeit ist. Wenn solche Figuren wanken, gerät alles aus den Fugen, was auf Vertrauen gründet. Das Strickmuster hat sich in vielen Variationen bewährt und ergibt die allerschönste Gänsehaut.

Whymper, gerade fünfundzwanzig Jahre alt und von Ehrgeiz zerfressen, trug schwer an der Erinnerung an die Katastrophe. Noch schwerer wäre es ihm allerdings gefallen, hätte er selbst Fehler eingestehen müssen. Im English Alpine Club war er ein Aussenseiter, ein ungebildeter Mittelloser unter Intellektuellen, Adeligen, Reichen. Seine Begabung und das Glück hatten ihm die Chance zugespielt, einen der letzten unbestiegenen Viertausender zu erobern, und er packte sie. Er setzte alles daran, sein Ziel zu erreichen: in die Reihen der forschenden Pioniere aufgenommen zu werden, in jenen Adelsstand, der durch Leistung und nicht nur durch Geburt zu erringen war. Er setzte

Genagelte Bergstiefel mit festen Ledersohlen waren bis weit ins zwanzigste Jahrhundert das Schuhwerk der Alpinisten.

Bergapotheken enthielten neben Verbandmaterialien und Desinfektionsmitteln auch Durchfalltropfen sowie allerhand Beruhigungs- und Stärkungsmittel.

auf eine Karte, das Matterhorn, und siegte, aber sein Sieg war nur ein halber, ein verdorbener.

Als Edward vierzehn war, nahm ihn sein Vater, ein Holzschneider, von der Schule und liess ihn in seinem Geschäft arbeiten; für den wissensdurstigen Jungen eine geistige und seelische Tortur. «8. Februar», schrieb er einmal in sein Tagebuch, «noch einige Hieroglyphen geschnitten. 15. Februar. Wieder viel Holz geschnitten. Nichts Neues.» Nichts Neues! Das Lamento seiner Jugendjahre. Zweifellos war Whymper ein Hochbegabter, nicht nur ein brillanter Zeichner und Illustrator, sondern auch ein scharfer Denker. Frühreif war er, wie sich an seinen Kommentaren zur Literatur und zur viktorianischen Tagespolitik ablesen lässt.

Nach der Lektüre von Francis Bacons Essays notiert der altkluge Sechzehnjährige das Motto, das sein Leben begleiten wird: «Man triumphiert über die Natur, indem man ihr gehorcht.» Doch noch kann er seiner Natur nicht folgen, sein Forscher- und Entdeckerdrang bleibt ungestillt, die Welt ist in Aufruhr, eine neue Zeit bricht an – und er kratzt Idyllen ins Holz. Vier Jahre später öffnet sich für ihn die Tür zur Welt. Er ist gerade zwanzig und reist als Illustrator für die Revue des English Alpine Club, «Peaks, Passes and Glaciers», in die schweizerischen und französischen Alpen.

Zeichnen, Aquarellieren hat er gelernt. Alles andere bringt er sich selbst bei, er ist ein Genie der Aneignung. Er wandert wie im Rausch durch das Berner Oberland und durchs Wallis. Von der Riffelalp aus studiert er zum ersten Mal das Matterhorn, diesen «wie auf einem Tisch angerichteten Zuckerstock, dessen Gipfel sich nach einer Seite neigt. Grossartig, sicher, aber ich kann nicht sagen, dass es schön ist.» An manchen Tagen legt er sechzig Kilometer in weniger als elf Stunden zurück. In den savoyardischen Dörfern gerät er in eine andere Welt: «Männer und Frauen sind in Kleider aus Schaffell gehüllt, das mit Salz entfettet wurde. Ihren Körpern entströmt ein starker Geruch, unerträglich für die Fremden. Ihre schmutzigen, abscheulichen Gesichter künden ihre Unsauberkeit und ihren Gestank schon an.» Im Sommer des folgenden Jahres besteigt er den Mont Pelvoux, nicht als Erster, wie er glaubt, doch der Fast-Viertau-

sender ist sein erster richtiger Gipfel. An ihm lernt Whymper klettern. Er besucht den Mont-Cenis-Tunnel, den er in «Scrambles amongst the Alps» mit ebensolcher wissenschaftlicher Akribie beschreiben wird wie den Kretinismus im Val d'Aosta und die Kropfkrankheit im Wallis. In den folgenden Jahren unternimmt er sieben Versuche am Matterhorn, alle von Breuil aus. Dreimal ist er mit dem Bergführer Jean-Antoine Carrel unterwegs, der Whymper im Grunde gar nicht auf den Gipfel führen will. Denn das Matterhorn gehört ihm, dem Bersagliere, und er klettert für die Ehre Italiens.

Dass der Gipfel nur von Süden, über den Liongrat, zu bezwingen sei, wird Whympers fixe Idee. Erst der siebte, wahnsinnige Versuch am 22. Juni 1865 – Whymper will durch das Südwandcouloir auf die Furggschulter gelangen und die Ostwand zum Hörnligrat queren – zeigt, dass er seinen Berg im Lauf der Jahre auch mit anderen Augen sehen gelernt hat: Die Ostwand ist nicht so steil, wie sie ihm stets erschienen ist. Aus dem Südwandcouloir wird er mit seinen Führern Michel-Auguste Croz, Christian Almer, Franz Biener und dem buckligen Zeltträger Luc Meynet von einer Steinlawine vertrieben.

Anfang Juli – er hat inzwischen die Grandes Jorasses und die Aiguille Verte als Erster erklettert und insgesamt 30 000 Höhenmeter in den Knochen – geht er abermals nach Breuil, um einen Versuch am Matterhorn zu wagen. Croz ist in Chamonix geblieben, Whymper überredet deshalb Carrel, mit ihm am 10. Juli einen Versuch durch die Ostwand zu unternehmen und entlässt Almer und Biener. Aber am 10. Juli ist das Wetter schlecht, und am folgenden Tag sieht Whymper durchs Fernrohr eine lange Kolonne von Führern zum Liongrat aufsteigen, an der Spitze Carrel. Der Bersagliere hat ihn ausgetrickst, er hat ihn mit Versprechungen hingehalten und führt jetzt nicht ihn, Whymper, aufs Matterhorn, sondern trägt mit Unterstützung des eben erst gegründeten Club Alpino die italienische Fahne zum Gipfel.

Doch Whymper hat Glück. Noch am gleichen Tag kommt vom Theodulpass der neunzehnjährige Lord Francis Douglas nach Breuil herunter. Nach der Überschreitung des Obergabelhorns hat Peter Taugwalder Vater den Hörnligrat auskundschaftet und ist zu dem Schluss gekommen: Es geht! Douglas kommt nach Breuil, um – so ist anzunehmen – Carrel oder einen anderen guten Führer für die Besteigung zu gewinnen. Whymper jedoch schwatzt sich Douglas im

Kerzenlampe und Weinfässchen. Im Alpinen Museum von Zermatt sind Ausrüstungsgegenstände ausgestellt, die von Verunglückten zurückgeblieben sind.

Hammel, Wein und Choleratropfen

Ein junger Mann mit Schnurrbart und Krawatte kommt von einer Wechte kopfüber heruntergeflogen, die Rockschösse flattern, das Hosenbein ist hochgerutscht, an den Füssen trägt der verdutzte Flieger eine Art von Wanderschuhen, auf dem Rücken einen kreuzweise geschnürten Rucksack, an einem Riemen festgebunden fliegt eine Hammelkeule mit.

Whympers Zeichnung von der abenteuerlichen Überschreitung des Bergschrunds am Col de Pilatte ist nicht nur komisch, sondern auch instruktiv. Die vier Männer im Bild tragen Stadtkleidung: Jackett und lange Hose aus Wollstoff, darunter eine Weste und ein Hemd, dazu Halstuch, Krawatte oder Schlips. Filzhüte auf dem Kopf. Wehe, die Bergsteiger geraten in ein Gewitter oder in einen Wettersturz. Ihre Bekleidung ist alles andere als wasserdicht oder sturmfest und trocknet nur schwer.

Die Pioniere der Alpen verbrachten die Nächte im Freien oder in zugigen Zelten, welche Träger wie der bucklige Luc Meynet samt Brennholz über Gletscher, Geröllhalden und Grate schleppten. Der English Alpine Club liess nach Angaben seiner Mitglieder ein Biwakzelt entwickeln, dazu den Eispickel, der das Eisbeil ablöste, wie Michel-Auguste Croz es noch verwendete. Whymper entwarf eine Eisenklaue zur Überbrückung griffarmer Stellen, doch er war entschieden gegen Steigeisen, die in Eishängen überhaupt nichts nützten, wenn man nicht einwandfreien Stand habe.

An den Füssen trugen die Pioniere Schuhe, mit denen sich ein heutiger Bergwanderer vielleicht gerade auf den Säntis wagen würde: aus festem Leder zwar, aber mit biegsamen, glatten Ledersohlen, beschlagen mit Eisennägeln, von denen nach einem langen Bergsommer oft die Hälfte abgefallen war. Die Seile waren aus Hanf, wurden sie nass, vervielfachte sich ihr Gewicht. Und ihre Reissfestigkeit war lächerlich im Vergleich zu einem modernen Bergseil.

Im 18. Jahrhundert trugen die Alpinisten ihr umfangreiches Material in Körben und Tornistern zu den Biwakplätzen, zu Whympers Zeiten verwendeten sie Rucksäcke aus Zelttuch. Der Proviant bestand hauptsächlich aus Hammelfleisch, Hartkäse und Brot. Je nach der Länge der Tour und der Zahl der Träger, welche die «Herren» sich leisten konnten, kamen aber auch Kalbsseiten, Hühnchen, Eier, Käse, Dörrfrüchte, Schokolade, Kaffee, Tee und Kerzen mit. Zur Bergapotheke gehörten Hoffmannstropfen und Salmiakgeist gegen Erschöpfung und Übelkeit, allerlei Pflaster gegen Blasen, Carbolglycerin für Wunden, Choleratropfen gegen Durchfall. Die Choleratropfen enthielten Opium, würde ein heutiger Bergwanderer damit erwischt, wäre ihm das Gefängnis sicher.

Den Durst löschten die Pioniere mit Wein. Als Whymper mit seinen sechs Gefährten zum Hörnligrat aufbrach, war er es, der die Weinschläuche aus Ziegenleder tragen musste. Nach jeder Rast füllte er die Schläuche mit Wasser wieder auf. Für ein lautstarkes Gelage im Biwak hoch oben am Grat reichte der verdünnte Rebensaft aber immer noch. Alkoholische Getränke nahmen die Pioniere auch als Mutmacher an schwierigen Stellen mit und zur Bekämpfung der Höhenangst, und auf dem Gipfel liessen sie Champagnerkorken knallen.

Croz' Hut und Rosenkranz, Hudsons Bibel, zwei Schuhe, von denen bis heute unklar ist, welcher Hadow, welcher Douglas gehörte. Devotionalien im Alpinen Museum Zermatt.

Nu als Partner auf. Er steht zwar mit leeren Händen da, führerlos und ohne Träger, und wäre nicht einmal im Stande, sein Gepäck allein über den Pass nach Zermatt zu tragen – in «Scrambles amongst the Alps» wird er aber schreiben: «Ich beschloss, den alten Peter aufzusuchen. Lord Francis Douglas drückte lebhaft seinen Wunsch aus, den Berg zu besteigen, und nach kurzem war beschlossen, dass er an der Expedition teilnehmen sollte.»

In Zermatt treffen Douglas und Whymper auf den Führer Michel-Auguste Croz. Der «Herr», den Croz in Chamonix erwartet hat, ist krank angekommen. Dafür hat Reverend Charles Hudson den berühmten Chamoniarden engagiert. Hudson will aufs Matterhorn, nachdem ihm Whymper die Aiguille Verte vor der Nase weggeschnappt hat.

Douglas und Whymper kommen mit Taugwalder Vater überein, dass er einen zweiten Führer engagieren soll – allein mit zwei «Herren» war der sechsundvierzigjährige Veteran wohl nicht bereit, die Besteigung zu versuchen. Doch ein zweiter Führer findet sich nicht, und Whymper sieht sich in der Klemme.

Croz und Hudson sind in jenem Sommer bestimmt die beste Führer-und-Herr-Seilschaft in den Westalpen, Lord Douglas und der alte Peter haben ihre Fähigkeiten am Obergabelhorn bewiesen. Für Männer wie sie ist das Matterhorn ein Berg wie jeder andere – der Mythos hat abgedankt. Whymper ist an diesem 12. Juli in Zermatt der Zuspätgekommene, der es nach vielen verbissenen Anläufen auf der falschen Route endlich auf der richtigen versuchen will, weil ihm keine andere Möglichkeit bleibt. Vor seinem geistigen Auge sieht er wohl zum zweiten Mal innert dreier Tage eine Karawane zum Berg ziehen, ohne ihn.

Aber Whymper hat noch nie kapituliert. Zwei Partien am gleichen Tag mit dem gleichen Ziel auf dem gleichen Grat – ist ein solcher Wettlauf wünschenswert? Ist es nicht besser, sich zusammenzuschliessen? Dem jungen Lord Douglas leuchtet das ein. «Mr. Hudson wurde deshalb eingeladen, sich uns anzuschliessen, und er akzeptierte unseren Vorschlag.» Und damit ist Whympers Problem gelöst. Zwei Führer und drei Herren, von denen einer, Hudson, un-

bestritten Führerqualität besitzt – Taugwalder kann dagegen nichts einzuwenden haben.
So weit ist die Geschichte klar. Doch ein Rätsel bleibt. Warum bestand Reverend Hudson an jenem Sommerabend im Hotel Monte Rosa darauf, den neunzehnjährigen Robert Hadow mitzunehmen? Whymper fragte nach dessen alpinistischen Qualitäten und begnügte sich mit einer Antwort, die wohl eher eine Abfuhr war: «Mr. Hadow», beschied ihm Hudson, «hat den Mont Blanc in einer kürzeren Zeit als die meisten Menschen bestiegen.» Punktum. Hadow war der Preis, den Whymper für das Gentlemen's Agreement bezahlte, das vor allem ihm, dem Führerlosen, nützte. Er nahm den Mann, den er von vornherein als eine Gefahr erkannte, in Kauf, um die heikle Arithmetik der Partie nicht zu gefährden. In einem Brief an einen Freund gestand er Jahre später ein, dass er sich nur einer Schuld bewusst sei: Hadow mitgenommen zu haben.
Whymper war nicht nur ein Genie der Aneignung – er war auch ein Meister der Zurechtlegung. Von der Verantwortung für das Anseilen auf dem Gipfel sprach er sich mit dem Hinweis frei, dass er gezeichnet habe. Mit unglaublicher Nonchalance ging er darüber hinweg, dass er nicht auf dem fixen Seil bestanden hatte, das Croz an der kritischen Stelle hätte anbringen müssen. Hätte er nicht auch sehen müssen, dass der alte Peter seinen «Herrn», Lord Douglas, an das alte, dünnere Seil gebunden hatte – spätestens als er ihn seinerseits ans Seil nahm? Das stellte er «zu seinem Entsetzen» fest, als es zu spät war. Nicht Whympers Verhalten am Berg, urteilte der Alpinhistoriker W. A. B. Coolidge, sondern die Art, wie er die Besteigung durchsetzte, sei es gewesen, was zur Katastrophe führte. Es scheint aber, dass auch Whympers sorgloser Umgang mit der Verantwortung zur Katastrophe beigetragen hat. Warum er, der das Sagen gern an sich riss, seine Verantwortung in entscheidenden Augenblicken nicht wahrnahm, wissen wir nicht. Es mögen die Umstände gewesen sein, die Tatsache, dass vier der sieben Kletterer in der Seilschaft nach heutigen Massstäben Jugendliche waren. Die Art jedoch, wie Whymper sich in seinen Schriften und Vorträgen aus jeder Verantwortung redete und den alten Peter anschwärzte, lässt vermuten, dass er sich doch etwas mehr vorzuwerfen hatte als nur den armen Hadow.

Die Grabstätte der verunglückten Erstbesteiger auf dem Zermatter Friedhof. Hadow wurde später nach England, Hudson in die Englische Kirche überführt. Douglas blieb am Matterhorn verschollen.

Taugwalderhaus (oben) und Whymper-Stube im Monte Rosa.
Rechte Seite: Grafik im Alpinen Museum.

Die Besteigung des Matterhorns gilt als das Ende des alpinistischen «Goldenen Zeitalters». Zermatt, das verlorene Dorf am Ende eines langen, beschwerlichen Tals, erlebte nach dem spektakulären Unfall einen beispiellosen Aufschwung. Die Alpinisten nach Croz, Hudson, Whymper suchten bei ihren Begehungen nicht mehr die leichtesten Wege zu den Gipfeln, sondern neue, immer schwierigere Routen durch Wände und über Grate. Nachdem die höchsten Gipfel erreicht waren, wurde der Weg das Ziel. Schon zu Whympers Zeit hatte sich das Verhältnis von «Herr» und Führer zu verändern begonnen. Als Leslie Stephen, der Erstbesteiger des Schreckhorns, 1863 mit dem Oberländer Bergführer Melchior Anderegg das Weisshorn bestieg, ging im Abstieg nicht Anderegg voraus, sondern Stephen, der Tourist, gerade so, wie eine Führerseilschaft heute absteigen würde. Dass Croz die Seilschaft im Abstieg vom Matterhorn angeführt hat, ist ohne Zweifel einer der Gründe, warum es zum Absturz kam – doch es entsprach damals der Gepflogenheit der Führer von Chamonix. Vorüber auch die Zeiten, da die Pioniere ihre alpinistischen Husarenstücke mit wissenschaftlichem Forschen kaschierten. Bergsteigen war – ob die «Times» deswegen zeterte oder nicht – zum Sport geworden und hatte nichts anderes mehr zum Zweck als sich selbst.
Wer ist nun eigentlich der Erstbesteiger des Matterhorns? Edward Whymper? Im «Goldenen Zeitalter» war es stets der «Herr», nie der Führer, dem die Grosstat zugeschrieben wurde, und von den «Herren» hatte nur Whymper überlebt. Doch an dem Erfolg hatte er keinen grösseren Anteil als etwa der tüchtige Reverend Hudson oder der blutjunge Lord Douglas. Am Liongrat hatte ihn Carrel ausgestochen, am Hörnligrat war er Sieger geworden, weil er als Einziger übrig geblieben war. Die schrecklichen Erinnerungen liessen Whymper zeit seines Lebens nicht mehr los. Es scheint, als hätten ihn Schuld und gekränkter Ehrgeiz bis ans Lebensende gequält, als wäre sein grösster Triumph seine grösste Niederlage gewesen.

Die Erstbesteigung des Matterhorns **La première ascension du Cervin**

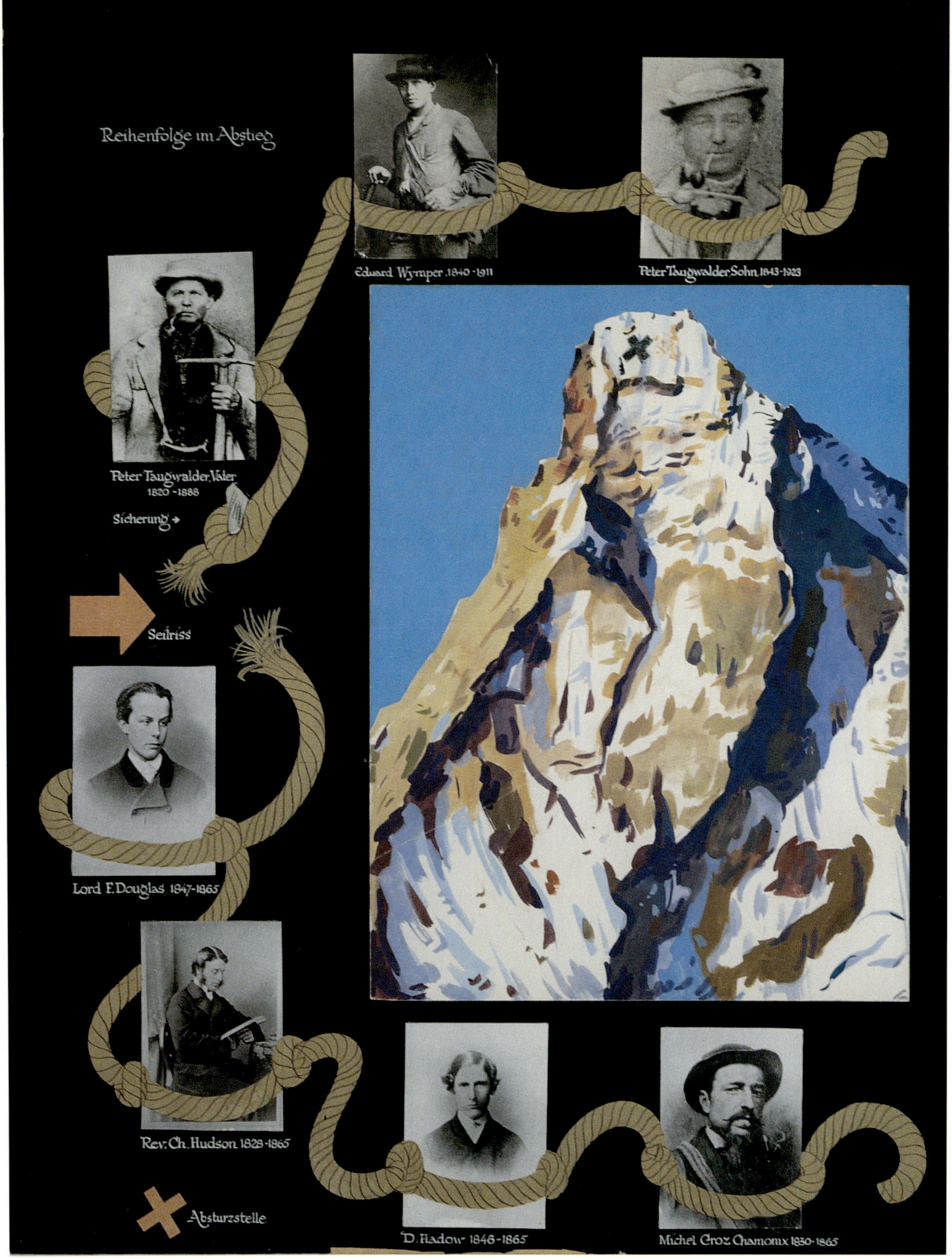

Die Schuldfrage – damals und heute

Das Sagen hatten im «Goldenen Zeitalter» des Alpinismus die «Herren». Sie bestimmten, wer an der Partie teilnahm; sie brachten die Seile mit; sie stellten die Seilschaften zusammen. Der Führer ging nicht nur im Aufstieg, sondern auch im Abstieg voraus, um die Arbeit zu machen: die Route erkunden, Stufen schlagen. Sichern war eine prekäre Angelegenheit – noch mangelte es an den Kenntnissen, am Material und an der Technik. Vor dem Unglück am Matterhorn hatten noch nie Führer und «Herren» vor Gericht gestanden, und der Vorsitzende der Untersuchungskommission im Hotel Monte Rosa verstand nichts vom Bergsteigen. Es fehlten auch besondere Bergführer-Reglemente, in denen das Verhältnis zwischen Führer und Kunde geregelt war. Kein Schuldspruch also 1865, nach der Verhandlung in Zermatt: Die Kommission stellte als Unfallverursacher zwar Robert Hadow fest, auf die Frage, wer für seine Teilnahme an der Tour verantwortlich war, ging sie aber gar nicht ein.

1929 beurteilte der Schweizerische Alpen-Club den Unfall aus damals aktueller Sicht. Die Verantwortung für die Teilnahme Hadows trage Reverend Hudson, lautete das Verdikt. Hudson hatte bekanntlich ultimativ darauf bestanden, dass Hadow mitgenommen wurde. «Ob die einseitige Verwendung des schwächsten Seiles eine Schuld Taugwalders bedeutet, kann nicht mit unbedingter Sicherheit verneint werden», stellte der SAC fest.

Aus heutiger Sicht könne diese Auffassung aber nicht ohne weiteres als richtig bezeichnet werden, meint dazu der Jurist Gregor Benisowitsch von der Schweizerischen Fachstelle für Bergsteigerrecht. Wenn sich Touristen einem Bergführer anvertrauen, führt er aus, so in

Das zerrissene Hanfseil im Alpinen Museum Zermatt. Es ist kaum dicker als eine Wäscheleine.

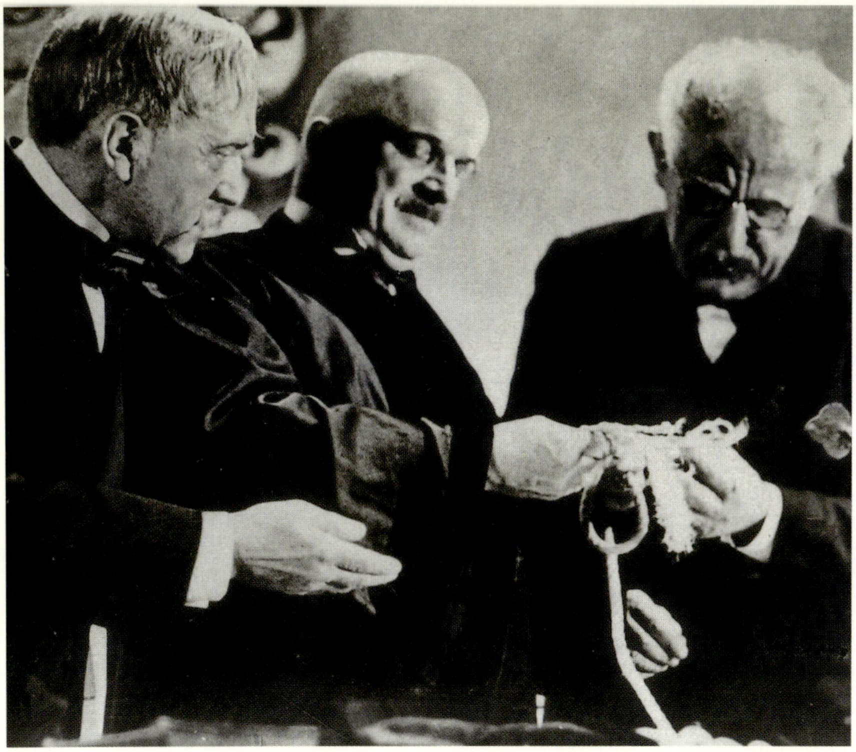

Wurde das Seil zerschnitten? Die Untersuchungskommission prüft Whympers Reserveseil. Szene aus Luis Trenkers Film «Der Berg ruft». *Folgende Doppelseite:* Wettersturz am Matterhorn.

erster Linie deshalb, weil sie sicher den Berg hinauf- und hinuntergeleitet werden wollen. Da bereits im Aufstieg zum Matterhorn erkennbar wurde, dass Hadow nicht über die nötigen technischen Fähigkeiten verfügte, wäre es nach heutiger Rechtsauffassung Sache der Bergführer gewesen, die notwendigen Vorkehrungen zu treffen. Aus Sicherheitsgründen hätte man Hadow auf die Tour nicht mitnehmen sollen. Zumindest aber hätte einer der Bergführer mit Hadow eine separate Zweierseilschaft bilden müssen. Es wäre von Vorteil gewesen, urteilt Benisowitsch, neben Taugwalder Vater und Croz noch einen zusätzlichen Bergführer zu engagieren. Es stelle für die Bergführer aus heutiger Sicht keine wesentliche Entlastung dar, dass Hudson sich selber die Fähigkeiten eines Bergführers zusprach.

Im Abstieg hätten nach den heutigen alpinistischen Handwerksregeln drei Seilschaften gebildet werden müssen: An der Spitze eine Dreierseilschaft, bestehend aus Croz, Whymper und Hudson, Hudson wäre dabei als Erster abgestiegen, hinter ihm Whymper, Croz zuletzt. Nach ihnen wäre Peter Taugwalder Sohn mit Lord Douglas abgestiegen, Douglas voraus. Taugwalder Vater mit dem schwächsten Teilnehmer, Hadow, vor sich hätte den Schluss der Partie gebildet. Würde eine Siebenerpartie mit zwei Bergführern heute in Seilschaften absteigen, wie sie am 14. Juli 1865 auf dem Matterhorngipfel gebildet und unterm Gipfeldach zu einer einzigen zusammengeschlossen wurden, so hätten die Führer «pflichtwidrig unvorsichtig gehandelt und hätten wegen fahrlässiger Tötung ins Recht gefasst werden müssen». Aus damaliger Sicht, meint Gregor Benisowitsch, sei gegen das Urteil der Kommission allerdings nichts einzuwenden.

Emile Cardineaux, Plakat «Zermatt», 1908 (oben).
Raphael Ritz, «Geissbub mit Matterhorn», 1884 (rechts).

Souvenir
d. d. 21. April
1884.

Martin Schwarz, «Badefreuden am Matterhornstrand».

Bernhard Zumthor, «Nécessaire de voyage», 1989.

Rita Morger
«Matterhornbüste»,
1996.

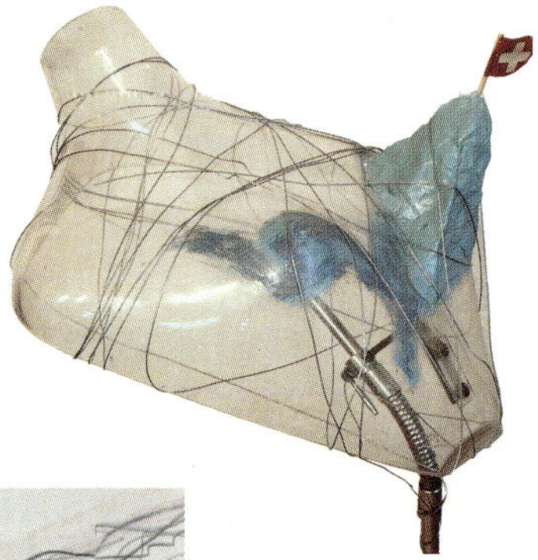

Gerald Minkoff, «Nashorn», 1985.

Woody von Allmen «Nation / Paris – Zermatt No. 34».

Ron Waeny, «Ohne Titel», 1985.
Fred E. Knecht, «Für Zermatt», 1990 (rechts).

2 Äffchen aus Porcelan
auf Sofa
M 35 davor
M 30
Beton
spiegel
Sol Lewit aus Polyester
stiropor unten und
Porcelan Oben Gold
Buntfarbig mit Hölzernen Wolken
3
evt.?
Rote Plastic
4
Gold
Blumenwiese Porcelan
5
Rot und schwarz
Porcelan
blaues Polyester oder mit gold sternen
7
Kitschporcelan Matterhorn
Gilbert & Georg horn
Messer
Torte
Nur Stiropor
grosses Museum bauen
verkleinern!!!
Plastik P.P. Polyester
evt. mit Innenbeleuchtung
8
Swatchmodell Polyester
Plastik oder Porcelan
10
11
SAHARA
mit Autobahnbrücken
N 1 Alles in div. Grautönen
Christohorn aus Rosa-Polyester und Goldbändern
13
Porcelan oder Plastik
Bunt
Vorderansicht
Jet
Jumboschwarm
Porcelan
evt. Wie Bild
Naturalistisch
14
evt. Stiropor
Porcelan
16 KnechtHühner
Die Karo ASS Engelberg stark Matter Knechthörner
Polyester, Vitrinen alle ca. 40x40x40 cm
Matterhorn = ca. Fr. 1000.-
1/3 Cairo 1/3 Knecht - 1/3 Galerie
Achtung Achtung!
= Plexiglasvitrine
Fr. 3900

Martin Schwarz, «Des Schweizers Holzschnitzkunst», Digital-Montage, 1997.
Fred E. Knecht, «Sahara-Connection», 1999 (rechts).

UBS

SVIZZERA SUISSE SCHWEIZ
SWITZERLAND

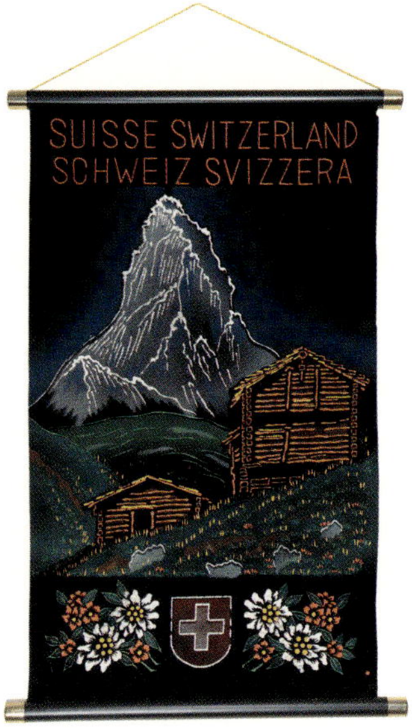
SUISSE SWITZERLAND
SCHWEIZ SVIZZERA

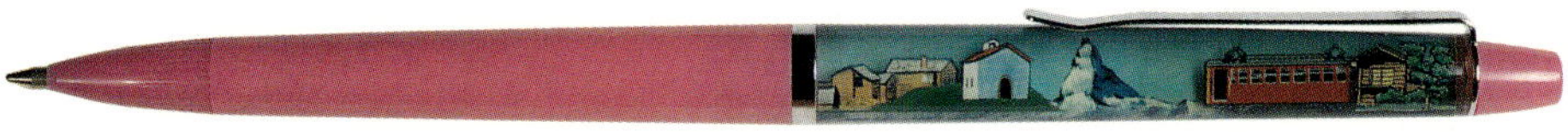

SWITZERLAND
SCHWEIZ
SUISSE

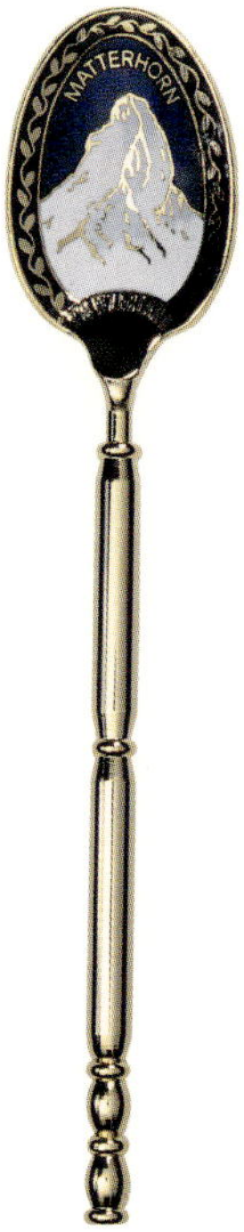
MATTERHORN

Erinnerung an meine Rekrutenschule
1976

Matterhorn, Cervino:

Wem gehört der Berg?

«Theoretisch könnte ich das Matterhorn verkaufen», sagt Aimé Maquignaz und lacht. Aimé Maquignaz ist Hotelier in Breuil-Cervinia, dem italienischen Pendant von Zermatt, auf der Rückseite des Matterhorns, wie man so leichthin sagt, dort, wo sie den Berg

Auf der Südseite. Einmal im Jahr feiern die Bergführer des Valtournenche ihren Berufsstand. *Vorhergehende Doppelseite:* Il Cervino im Kunstlicht. Zum Millenniumswechsel beleuchteten die Italiener den Berg mit Scheinwerfern.

Cervino nennen. Aimé trägt einen Strickpullover und Jägerhosen; dass er eines der besseren Häuser am Platze führt, sieht man ihm nicht an. Sein Hotel, das «Punta», hängt voller Bilder, die er in seiner Freizeit malt. Die allermeisten zeigen den Cervino, sehr bunt und verfremdet, aber unverkennbar. Aimés Berg – im wahrsten Sinne des Wortes. Die Südflanke des Matterhorns, die etwa ein Drittel der gesamten Bergoberfläche ausmacht, ist in Privatbesitz. Zwei alteingesessene Familien aus dem Valtournenche, die Maquignaz und die Frassy, teilen sich ins Grundeigentum an Fels und Eis, «und das», sagt Aimé, «wird bis zur nächsten Revolution in Italien wohl so bleiben».

Der Grundbesitz einer Alpweide, so besagt die italienische Verfassung, schliesst die darüber liegenden Berghänge mit ein, bis hinauf zum allerhöchsten Punkt. Als sich die Maquignaz und Frassy, damals noch Bergbauern, die Alpen Cretaz und Planet im einsamen Talkessel von Breuil aneigneten, erwarben sie gleichzeitig auch die Südflanke des Matterhorns. Die beiden Sommerweiden lagen just in der Falllinie seines Gipfels. Noch heute hält der Katasterplan der Gemeinde Valtournenche, zu welcher Breuil-Cervinia gehört, die Grundstücksgrenzen der Maquignaz und Frassy so fest. Die Südflanke des Matterhorns gehört inzwischen zehn Erbinnen und Erben aus den beiden Familien, unter ihnen auch Hotelier Aimé.

Gewinn bringt der Grundbesitz an der Steilwand des Cervino oberhalb 2800 Meter allerdings kaum. Landwirtschaftlich nutzbar ist die Fels- und Eiswüste sowieso nicht. Aber auch das Wasser, aus dem sich Kapital schlagen liesse, bringt den Erben nichts. Die italienische Verfassung nimmt die Wasserrechte vom privaten Eigentum aus; Bäche und Gletscher gehören der Öffentlichkeit, die Gemeinde darf sie nach Belieben nutzen. Bleibt die Abtretung von Baurecht an Dritte, etwa für Bergbahnen, Skihütten oder Hochgebirgsbiwaks. In tieferen Lagen ist das Baurecht bekanntlich eine beliebte und üppige Geldquelle, im Hochgebirge wirft es aber kaum etwas ab. Mit steigenden Höhenmeterzahlen sinken die Baurechtszinsen bis hinunter auf null.

Die Società Guide del Cervino, der Bergführerverein von Breuil-Cervinia, plante einst eine Schutzhütte auf Maquignaz-Territorium rund 3800 Meter über Meer. Also schlossen Aimés Vorfahren mit den «guide» einen (mündlichen) Baurechtsvertrag. Der Zins war symbolisch: Die Bergführer von Breuil sollten ihre Baurechtgeber, wenn diese es wünschten, kostenlos auf den Cervino mitnehmen, das war alles. Später, als die Società Guide del Cervino neben jener ersten Hütte das heutige Rifugio Carrel bauen liess, schmolz der Baurechtszins sogar noch weiter zusammen: Die Matterhorn-Erben erhielten das Recht, gratis im Rifugio zu nächtigen. Immerhin.

Wem also gehört das Matterhorn? Den Alpweidebesitzern oder den Bergsteigern? Den Einwohnern der Talschaften oder der Öffentlichkeit? Den Tourismusinvestoren oder den Naturschützern? Den Schweizern, den Italienern oder den Engländern, die für sich beanspruchen, das Matterhorn bezwungen zu haben? Immer wieder ist die Frage gestellt worden, und immer wieder gab sie auch Anlass zum Streit.

Das erste Mal war es 1866, fünf Monate nach der historischen Erstbesteigung des Matterhorns durch Croz, die beiden Taugwalder und ihre vier englischen Klienten. Damals verpachtete Aimés Vorfahre Gabriele Maquignaz sein Territorium am Matterhorn an den Pfarrer von Valtournenche, einen begeisterten Kletterer, und zwei weitere Bergpioniere aus dem Tal. Der Pachtzins betrug fünfzig Lire im Jahr, den drei Pächtern war es danach freigestellt, entlang der Aufstiegsroute Schutzhütten zu bauen, Felshaken zu schlagen und Kletterhilfen anzubringen. Gestützt aufs private Wegerecht, durften sie sodann von anrückenden Matterhornbesteigern Wegzoll fordern. Klingende Münze! Der heilige Berg, vor kurzem noch unbefleckt, sollte dem Kommerz geopfert werden! Die Erkenntnis entfachte den Zorn eines hohen Geistlichen im Valtournenche, der Cervino wurde Gegenstand einer innerkirchlichen Auseinandersetzung. Kraft seiner Autorität vermochte der Geistliche Eigentümer und Pächter davon zu überzeugen, den schändlichen Pachtvertrag rückgängig zu machen. Nach zwei Monaten war der Spuk vorbei.

Retortendorf am Fuss des Cervino. Im Winter herrscht in Breuil-Cervinia Hochbetrieb, im Sommer ist der Ort fast leer.

Wer auf den Cervino will, soll nicht zahlen. «Wir sind noch nicht am Everest», meint Franco Maquignaz. Er ist Kurdirektor von Breuil-Cervinia und, auch wenn er denselben Namen trägt, keiner der Matterhorn-Erben. 25 000 Gästebetten zählen die Wintersportorte Valtournenche und Breuil-Cervinia zusammen. Die Hänge über den Dörfern sind weit, sanft und ganztags besonnt, und sie bieten eine wahrhaft grandiose Fernsicht auf das Gipfelmeer der italienischen und französischen Alpen – ganz zu schweigen von der Minestrone, der Polenta und der Pasta, die in den Kochtöpfen der italienischen Skihütten köcheln. Immer mehr Skifahrer lassen sich von Zermatt über den Theodul ins Skigebiet von Valtournenche und Breuil-Cervinia schleppen, um die Vorteile der Südseite zu nutzen. Breuil-Cervinia lebt vornehmlich im Winter, im Sommer läuft hier hinten nicht viel, dann ist Breuil beinahe ein Geisterdorf. «Die Touristen von heute suchen im Sommer vor allem die Wärme, und die ist hier oben auf zweitausend Metern schwer zu finden», sagt Franco Maquignaz.
Bis in die dreissiger Jahre war «il Breuil» eine Alp, und nur das Gasthaus «Jumeaux» der Hoteliersfamilie Maquignaz und das

«Mont Cervin», wo Edward Whymper jeweils logierte, lockten eine kleine Schar von Touristen an. 1935, mit dem Bau der ersten Luftseilbahn und des mondänen Hotels «Gran Baita», wurde «il Breuil» über Nacht zum Skiparadies der reichen Milanesi und Turinesi. Im Zuge der Italianisierung verpasste Mussolini dem französisch klingenden Ort (das Valtournenche gehörte früher zu Savoyen) den Kunstnamen Cervinia. Nach dem Krieg begann der Bauboom, mehrstöckige Dutzendhäuser schossen in den Himmel. Das Breuil-Cervinia von heute entstand, eine Retorte, aus dem satten Grasboden gestampft und den Skitouristen aus Norditalien, England, Deutschland und Skandinavien überlassen.

«Wir Italiener haben den Mont Blanc, den Monte Rosa und den Cervino», sagt Franco Maquignaz. «Der Mont Blanc und der Monte Rosa sind die grandioseren Massive, aber der Cervino ist der schönere Berg. Auch wir sagen drum, der Cervino gehört uns, genau wie die Schweizer.» – «Der Cervino ist das Symbol unserer Gemeinde», ergänzt sein Namensvetter Aimé, «ja, er ist sogar für ganz Italien wichtig. Klar, in der Schweiz ist der Berg noch berühmter als bei uns, wegen seiner Form wohl ...» So perfekt und verlockend, distanziert und entrückt das Matterhorn hinter Zermatt in den Himmel ragt, so klotzig und abweisend, so nah und bedrohlich steht der Cervino hinter Breuil-Cervinia. Als wären es zwei Berge, für jede Nation einen.

Die Karte 1:25 000 des Schweizer Bundesamts für Landestopographie zeigt den Verlauf der Landesgrenze nur bis auf etwa 3500 Meter Höhe, dann fehlen die schwarzen Kreuzchen. Danach bildet, wie es in den Alpen üblich ist, der Grat die Grenze; sie zieht sich über beide Gipfel des Matterhorns, den östlichen Hauptgipfel und den westlichen Nebengipfel. Beide Gipfel liegen also hälftig in der Schweiz und in Italien, und dennoch hat das Matterhorn einen «Schweizer Gipfel» und einen «Italienischen Gipfel». Die Bezeichnungen stammen aus den Anfängen der Matterhornbesteigungen und werden heute noch verwendet. Offensichtlich hat niemand jemals Lust verspürt, den Fehler zu korrigieren, die Illusion zu zerstören. Der «Italienische Gipfel» liegt rund einen Meter tiefer als der «Schweizer Gipfel», dafür trägt er das fast

Zeuge des Aufschwungs. Mit dem heute ausgebrannten Hotel Gran Baita begann 1935 in Breuil-Cervinia der Skiboom.

Auch Italien wirbt mit «seinem» Matterhorn. Tourismusplakat von 1953

drei Meter hohe Gipfelkreuz. Seine Existenz verdankt das Kreuz, wenn man den Überlieferungen glauben darf, einem bilateralen Akt. Im Jahre 1900 beschlossen die Gemeinden Zermatt und Valtournenche, ihren gemeinsamen Hausberg mit einem solchen Kreuz zu schmücken. Mehrere Versuche, das schwere Kunstwerk auf den Gipfel zu bringen, scheiterten am schlechten Wetter. Erst nach zwei Jahren stand das Kreuz mit den Namen beider Gemeinden an seinem luftigen Platz und wurde mit einer Gipfelmesse geweiht – ein Zeichen des Friedens.

Das Gipfelkreuz, hier in einer historischen Winteraufnahme, ist ein Gemeinschaftswerk der beiden Anrainerländer.

Italien und die Schweiz haben sich in der Tat nie um den Besitz des Matterhorns gestritten. Dass der Süden den Norden um die Schokoladenseite des Superbergs beneidet, mag sein. Dazu kommt die Niederlage von 1865, als Jean-Antoine Carrel das Rennen aufs Matterhorn verlor. Sieger war damals nicht Whymper, Siegerin war die Schweizer Seite des Bergs, denn auch ohne Edward Whymper hätten die Seilschaften Croz-Hudson und Taugwalder-Douglas den Gipfel an jenem 14. Juli mit grosser Wahrscheinlichkeit als Erste erreicht. Das ist es, was die Italiener damals wurmte und bedrückte: dass der Berg am Ende doch noch von der Schweiz aus erobert wurde, obschon der Hörnligrat stets als unbezwingbar galt. Jahrelang hatte man sich auf italienischer Seite hochgearbeitet und war schon ganz nahe an den Gipfel gekommen – und dann dies. Zwei Tage später schickte Italien Carrel nochmals los, über den Liongrat, die italienische Route. Und jetzt erklomm er den Gipfel, für seine Nation, la bella Italia. Im Grunde genommen war es eine zweite Erstbesteigung, die Eroberung des Matterhorns nun brüderlich auf beide Länder verteilt.

Neid dann vielleicht auch auf Zermatt. Es war ja Zermatt, das nach der Erstbesteigung des Matterhorns zum Mekka der Gipfelstürmer wurde, nicht Breuil. Dass das anders gewesen wäre, wenn Carrel als Erster die Fahne geschwungen hätte, ist allerdings kaum anzunehmen. «Italien hat sein Meer, seine Seen und seine Berge. Die Berge stehen erst an dritter Stelle», sagt Kurdirektor Maquignaz.

Während in Zermatt (rechts) schon um 1900 Hotelkästen aus dem Boden schiessen,
hat Breuil (oben) noch um 1930 nur zwei bescheidene Herbergen.

Breuil-Cervinia war ein Spätzünder, es entstand ein halbes Jahrhundert nach Zermatt. «Hier im Aostatal ist der Tourismus eben noch jung.»

Die italienische Flanke des Matterhorns zieht weit weniger Alpinistinnen und Alpinisten an als die schweizerische. Schuld daran sind die Routen. Nicht dass die italienische Normalroute über den Liongrat so viel schwieriger wäre als die schweizerische über den Hörnligrat. Aber im Gegensatz zur Matterhornhütte, die von Zermatt aus unschwer und risikolos zu erwandern ist, liegt das italienische Rifugio Carrel bereits auf halber Höhe zum Gipfel in anspruchsvollem Klettergelände. Die Zermatter Bergführer operieren im Sommer von der Matterhornhütte aus. Sie empfangen täglich neue Gäste und entlassen sie nach erfolgreicher Matterhornbesteigung am selben Abend wieder auf 3260 Meter Höhe. Ihre italienischen Kollegen haben es schwerer. Um ihre «clienti» zu treffen, steigen sie jedes Mal fast zu Tal. Sie bewältigen den Cervino bestenfalls im Zweitagesrhythmus, und dies zu einem kaum höheren Preis als die Schweizer.

«Die Zermatter Führer haben den Ruf, ihre Kundschaft anzutreiben», sagt Andrea Perron, Chefbergführer der Società Guide del Cervino. «Wir nehmen uns mehr Zeit. Einmal kam ein Alpinist von Zermatt nach Breuil herüber. Seinem Schweizer Führer war er am Hörnligrat nicht schnell genug geklettert, er musste die Matterhornbesteigung abbrechen. Er hat den Cervino dann mit einem von uns gemacht, über den Liongrat, in seinem Tempo und ohne Probleme. Er war danach sehr glücklich.» Nein, sie würden den Berg wohl nicht umdrehen, selbst wenn sie es könnten, die Leute von Breuil-Cervinia. Den Stress am Matterhorn, das Schlangestehen im Fels, die vielen Verletzten und Bergtoten überlassen sie gern den Zermattern. Mit ihrem Los, nur den – im wörtlichen und übertragenen Sinn – kleineren Teil vom Superberg zu besitzen, haben sie sich ganz gut arrangiert.

Dreizehn Kilometer weiter nordöstlich, ennet der weissen Grenze des Theodul, herrscht nicht derselbe Seelenfriede. Fast dreissig Jahre lang haben die Zermatter um den Besitz am Berg gestritten – nicht mit den Italienern, nicht mit den Engländern, nein, mit sich selber. Ihren Höhepunkt fand die Auseinandersetzung, als die Walliser Kriminalpolizei in Zermatt erschien und Gemeindeakten behändigte. Dem Eclat waren Gerichtsprozesse vorangegangen, die für Schlag-

zeilen sorgten. «Wem gehört das Matterhorn?» – so titelten die Zeitungen immer wieder, obwohl es nicht nur um den Grund und Boden am Berg der Berge ging.

Die Vorgeschichte ist komplex. Seit dem 18. Jahrhundert gibt es in Zermatt, wie in vielen anderen Walliser Dörfern, zwei Kategorien von Einwohnern: Burger und Nichtburger. Burger sind Nachkommen jener einhundertzweiundachtzig Familien, die sich damals zur Ortschaft Zermatt zusammenschlossen, die Ur-Zermatter sozusagen. Nichtburger sind alle anderen, also auch die Zugezogenen, die man in Zermatt freundlicherweise zu den Einheimischen zählt. Burger und Nichtburger zusammen sind Bürger, also Einwohner. Die Einwohner- oder Munizipalgemeinde vertritt, wie üblich, die Interessen der Allgemeinheit. Die Burgergemeinde anderseits ist, jedenfalls in ihrer heutigen Form, eher mit einem Syndikat vergleichbar und vertritt die Interessen einer (allerdings einflussreichen) Minderheit.

Vorerst war von dieser Teilung nichts zu spüren. Burger- und Einwohnergemeinde waren lange Zeit ohnehin identisch und leiteten die Geschicke Zermatts Hand in Hand. Die Schwierigkeiten fingen um

Jeden Spätsommer lassen sich die Bergführer der Società Guide del Cervino auf dem Kirchenplatz von Valtournenche ihre Seile segnen.

Viel genutzter Übergang. Auf dem Plateau Rosa zwischen Breuil-Cervinia und Zermatt, rund 3500 Meter ü.M.

1900 an. Damals sollten am Matterhorn Hütten entstehen: Der Schweizerische Alpen-Club wollte die heruntergekommene Hörnlihütte (die heutige Matterhornhütte) neu bauen und in 4000 Meter Höhe ein Notbiwak (die heutige Solvayhütte) errichten. Die Burgergemeinde trat als Grundeigentümerin auf und stellte sich quer, baute aber ihrerseits das Hotel Belvédère (heute Berghaus Matterhorn) gleich neben der alten Hörnlihütte. Erst ein Machtwort des Kantons verhalf dem Alpen-Club zu seinen Bauten.

Fortan standen die Zermatter Burger mit den Kantonsbehörden auf Kriegsfuss. Als der Kanton 1933 ein Gesetz erliess, wonach «das der Kultur nicht fähige Land, wie Felsen und Schutthalden, Firnen und Gletscher» der Öffentlichkeit gehörten, liessen die Burger ein Rechtsgutachten erstellen, welches für Zermatt das Gegenteil bewies. In der festen Überzeugung, das Matterhorn und die anderen Zermatter Berge gehörten ihnen, wehrten sich die Burger gegen Bauprojekte, welche die Munizipalgemeinde befürwortete, oder sahen keinen Grund für öffentliche Einmischung, wenn es um eigene Projekte ging. Ende der sechziger Jahre kam es deswegen zum ersten Prozess. Burger klagten gegen Bürger, also auch gegen sich selbst – eine untragbare Situation. Die beiden Gemeinden trennten sich, jede erhielt ihre Verwaltung, ihren Rat und ihren Präsidenten.

Der erste Prozess fand 1982, ein zweiter dann 1994 seinen Abschluss. In beiden Verfahren hatte das Walliser Kantonsgericht die Frage des öffentlichen und privaten Eigentums am unkultivierbaren Boden zu erörtern. In ihrem Kampf ums Eigentum beriefen sich die Burger unter anderem auf Verträge aus dem 16. und 17. Jahrhundert; damals hatten sich ihre Vorfahren von den Lehensherren im Tal losgekauft. In jenen Verträgen gab es Formulierungen, die tatsächlich ein Besitzrecht «von Grund bis Grat» vermuten liessen, der Prüfung durch die Juristen von heute hielten sie aber nicht stand. Aus dem Sachverhalt, dass in einem Statut von 1579 auch die Jagdrechte auf Murmeltiere geregelt seien, könne nicht ein Anspruch auf den unkultivierbaren Boden abgeleitet werden, denn der Lebensraum der Murmeltiere befinde sich gewöhnlich im grasbewachsenen Boden – so lautet eine der Urteilsbegründungen.

In beiden Prozessen gab das Kantonsgericht den Bürgern Recht. Die Burger waren nicht einverstanden und gelangten ans Bundesgericht. Doch die höchsten Richter hatten kein Gehör für ihre Klagen und hielten mit Urteil vom 21. März 1995 rechtskräftig fest, dass das kulturunfähige Land nach Artikel 3 des Gesetzes betreffend das Eigentum an öffentlichen und herrenlosen Gütern (GEöhG) der Munizipalgemeinde Zermatt zusteht – also auch das Matterhorn. Damit wäre der Zermatter Bürgerkrieg eigentlich zu Ende gewesen. Wäre!

«Ich bin der erste Gemeindepräsident, der nicht Zermatter ist», sagt Robert Guntern, Präsident der Munizipalgemeinde Zermatt. Als er Ende der achtziger Jahre sein Amt antrat, lief der Streit ums Eigentum gerade auf Hochtouren. Noch war ungewiss, ob nicht doch die Burgergemeinde das Recht am unkultivierbaren Boden erhalten würde – und mit dem Recht auch die Wasserzinsen, Gemeindeeinnahmen von immerhin eineinhalb Millionen Franken jährlich. «Das hätte einen Aufruhr gegeben, wenn das Geld an eine Instanz gegangen wäre, die keine öffentlichen Aufgaben hat!», meint Guntern rückblickend. «Die Burgergemeinde muss ja nicht für die Schulen und all die anderen öffentlichen Einrichtungen aufkommen, sondern wir.» Robert Guntern, als Zugezogener in keiner Weise mit den Interessen der Burgerschaft verstrickt, kämpfte in der Folge für das Wohl seiner Einwohnergemeinde und bewahrte Zermatt zuletzt vor einem Schildbürgerstreich.

Denn im Juni 1995, ein Vierteljahr nachdem das Bundesgericht sein unwiderrufliches Urteil gesprochen hatte und man den Bürgerkrieg für ausgestanden hielt, setzten die Burger zum letzten Schlag an. In einer Gemeindeversammlung versuchten sie aus heiterem Himmel das Urteil der höchsten Richter per Gemeindebeschluss umzustürzen. Mit einem nichttraktandierten Antrag gelang es ihnen, eine Mehrheit auf ihre Seite zu ziehen und das Matterhorn doch noch zum Privateigentum zu erklären. «Es war eine abgekartete Sache. Ich schloss die Bücher und verliess die Versammlung», erzählt Gemeindepräsident Guntern. Es wurde eine Untersuchung eingeleitet, die Walliser Kriminalpolizei beschlagnahmte die Dossiers. Das Kantonsgericht gab Robert Guntern schliesslich Recht: Die Burger waren zu weit gegangen.

«Die Gemüter haben sich inzwischen beruhigt», sagt Robert Guntern. Eine Kommission aus Bürgern und Burgern – der Dorf-

Nouvelliste
et Feuille d'Avis du Valais
PROPRIÉTÉ DU CERVIN ATTRIBUÉE

«Eigentum am Matterhorn zugesprochen.» Schlagzeile zum Zermatter Bürgerzwist.

pfarrer amtierte als Vermittler – beschloss, für die Berechnung von Baurechtszinsen den Boden künftig in jedem Fall neu zu klassieren. Beim Bau der Hohtäli-Bahn am Gornergrat fand dieses System Anwendung. Talstation und Mast eins der Hohtäli-Bahn, da war man sich einig, stehen auf kultivierbarem Boden in Burgerbesitz, Mast drei und Bergstation auf unkultivierbarem, also öffentlichem Grund. «Und Mast zwei», sagt Guntern, «steht in den Steinen, aber die Burgergemeinde wollte nicht akzeptieren, dass Steine unkultivierbar sind. Jetzt nennen wir den Boden dort halt Niemandsland. Deswegen streiten wir nicht mehr.»

Am Gornergrat möglich, am Matterhorn undenkbar. Hier gab es, was Drahtseile und Zahnschienen betraf, nie Kompromisse, ganz im Gegenteil. Während die Verpachtung des Matterhorns anno 1866 nur im Aostatal zu reden gab und der Zermatter Bürgerkrieg die Gerichte von Visp bis Lausanne beschäftigte, schlugen die Versuche, das Matterhorn mechanisch zu erschliessen, viel breitere Wellen. Diese Art von Aneignung und Inbesitznahme eines heiligen Bergs und Symbols löste landesweite Proteststürme aus, und zwar hüben wie drüben, sowohl in der Schweiz als auch in Italien. Das Matterhorn, so wurde mehrmals deutlich, durfte allen gehören, nur nicht den Bergbahnunternehmern. Das ist umso erstaunlicher, als man die Gletscherwelt ums Matterhorn sowohl auf Schweizer als auch auf italienischer Seite mit Bahnen ja nicht verschont hat.

Die verrückte Geschichte der Matterhorn-Erschliessungsprojekte beginnt bereits 1855, zehn Jahre vor der Erstbesteigung. Ein Elsässer Industrieller schlägt vor, einen Ballonlift aufs Matterhorn zu bauen. Ein Gasballon soll, einem Fixkabel von Bergfuss bis Gipfel folgend, Touristen in die Höhe tragen. Es bleibt bei der Idee. Vier Jahre später präsentiert der Walliser Kantonsingenieur Pläne für einen spiralförmigen Tunnel mit Ausgucklöchern im Felsinnern. Kutschen, so seine Vorstellung, würden die Touristen über einen zweiundzwanzig Kilometer langen offenen Fahrweg von Zermatt bis an den Fuss des Bergs und von da über die fünfzehn Kilometer lange Zapfenzieherstrasse im Bauch des Matterhorns auf den Gipfel bringen. Doch niemand will Aktien kaufen.

Ein gutes Jahrzehnt später ist die Bergbahntechnik reif. 1871 erklimmt die erste Zahnradbahn Europas die Rigi, Ende der achtziger Jahre beginnt der Bau der Visp-Zermatt-Bahn, auch sie mit Zahnrad-

Ein Berg, viele Namen

Als «Mons Silvius» wird das Matterhorn in mittelalterlichen Schriften erstmals erwähnt. Der Name mutiert später zu «Mons Servinus» und «Mons Servin» und wird schliesslich zum französischen «Cervin» und zum italienischen «Cervino». Ethymologen nennen als Ursprung das lateinische Wort «silva» (Wald), andere wollen im Namen das italienische «cervo» (Hirsch) erkennen – beim Anblick des Matterhorns erscheint beides rätselhaft. Die abenteuerlichste Deutung greift auf einen Eroberungszug serbischer Banden durch Italien im ersten Jahrtausend n. Chr. zurück: Einzelne «Serbi» oder «Cervi» sollen sich in den Tälern südlich des Matterhorns niedergelassen und dem Berg den Namen gegeben haben. Weit prosaischer ist da der deutsche Name «Matterhorn». Er bezeichnet das «Horn» (markanter Berg) der «Zer Matter» (die bei den Wiesen wohnen) und taucht im 18. Jahrhundert erstmals auf. Heute wird der Berg oft vertraulich «s Horu» genannt. Aber Vorsicht: Wer sich mit der Kurzform bei Einheimischen anbiedern will, muss wissen, dass die Zermatter ihren Berg eher «Hore» nennen und «Horu» für das übrige Wallis gilt. Auch die Valdostaner kennen einen Kosenamen: Sie, allen voran der italienische Matterhornpionier Jean-Antoine Carrel, tauften den Berg «la Gran Becca». In der italienischen Umgangssprache wird «becca» gemeinhin für «Berggipfel» verwendet.

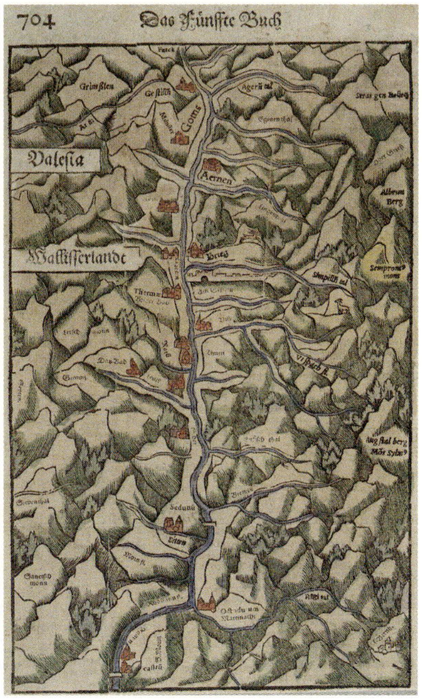

Karte des Wallis von 1545.
Das Matterhorn heisst hier noch germanisch «Augstalberg».

Unzählig sind die Bezeichnungen und Umschreibungen, mit denen das Matterhorn in der Literatur Eingang fand. Oft war vom «Löwen von Zermatt» die Rede, oft auch von der «Sphinx» und vom «Obelisk der Alpen». Ein Schweizer Privatgelehrter schrieb 1850 vom «Giren- oder Adlerschnabel», Toepffer nannte den Berg «Torso eines Riesen», Ruskin sah darin «ein Ross, das sich aufbäumt», Bonnoy eine «flammende Fackel», Javelle nannte das Matterhorn «ein Furcht einflössendes Babel», Tyndall «unseren Tempel» und McCormick «den Ausdruck des Allmächtigen» – um nur einige Beispiele zu nennen.

International bekannt wurde das Matterhorn vor allem unter seinem deutschen Namen. Er ist in die englische Sprache eingegangen und gehört mittlerweile auch zum Wortschatz der Japaner. In der Kurzgeschichte «Wie die Berge in die Schweiz kamen» beschreibt der Schweizer Kabarettist Franz Hohler, wem das Matterhorn die Erfolg bringende Benennung zu verdanken hat: In früher Zeit, als Helvetien – so Hohler – flach und tulpenreich, Holland aber voll von nutzlosen Bergen war, überredete ein findiger Schweizer die beiden Nationen zum Tausch, «und weil der Mann, dem das alles in den Sinn gekommen war, Benedikt Matter hiess, nannte man den schönsten Berg in der Schweiz zu seinen Ehren das Matterhorn.»

Bergstation der geplanten Matterhornbahn. Ein Zickzackweg führt das letzte Stück auf den Gipfel.

strecken. Und noch bevor das Trassee Zermatt erreicht, präsentiert der Bieler Buchdrucker und Eisenbahnfanatiker Caspar Leonhard Heer-Bétrix sein ambitiöses Projekt: eine Fortsetzung auf den Gornergrat und eine Fortsetzung aufs Matterhorn. Der hoch geachtete Ingenieur und Topograf Xaver Imfeld hat in Heers Auftrag entsprechende Studien und Pläne gemacht, 1890 geht das Konzessionsgesuch an den Bundesrat. «In Bezug auf das Matterhorn ist wohl mit Sicherheit anzunehmen, dass die Führer keine Einbusse erleiden», heisst es in der Begründung des Gesuchs. «Der Berg wird vielmehr auch von Touristen zweiten Ranges bestiegen werden können, wenn sie die Beruhigung haben, oben Schutz zu finden, oder im Falle der Ermüdung den Rückweg nicht zu Fuss machen müssen. Unfälle wie derjenige vom 16./17. Aug. 1886, wo 4 Caravanen 23 Stunden im Schneesturm am Gipfel blieben und ein Tourist (Burkhart aus England) durch Kälte getötet, andere schwer geschädigt wurden, sind gänzlich ausgeschlossen.»

Der Bundesrat studiert die Pläne. Fünfmal würden die Passagiere zwischen Dorf und Gipfel umsteigen müssen. Eine erste Sektion verlängert die Visp-Zermatt-Bahn via Gornerschlucht nach Zum See. Hier besteigen die Fahrgäste eine Standseilbahn (zweite Sektion) und fahren auf den Schafberg, mit Umsteigen in der Mitte. Die dritte Sektion trägt sie per Zahnschiene und elektrischen Antrieb am Schwarzsee vorbei bis zur unterirdisch gelegenen Station Whympershütte nahe der heutigen Matterhornhütte am Fuss der Einstiegsfelsen. Ab Whympershütte erklimmt eine Standseilbahn mit der Schwindel erregenden Steigung von fünfundsiebzig Prozent den Gipfel (vierte Sektion). In Felstunnels folgt sie dem Hörnligrat und durchbohrt zuletzt den Gipfelaufbau. Der Antriebsmotor steht in Streckenmitte auf rund 3900 Metern ü.M. Hier wechseln die Passagiere zum letzten Mal den Wagen, bevor sie die Station Matterhorn mit Aussichtsgalerie und Restaurant erreichen.

Auch die Zermatter studieren die Pläne. Die Bergführer bangen um ihr Einkommen, die Burger – und mit ihnen auch der Grosse Rat des Kantons Wallis – stossen sich daran, dass die Konzession an einen ortsfremden Unternehmer gehen soll. Man will doch das Matterhorn nicht weggeben! Rasch entsteht ein einheimisches Konkurrenzprojekt, es empfiehlt für die Gipfelsektion einen pneumatischen Aufzug nach dem Rohrpost-Prinzip; man würde die Touristen gewis-

sermassen aufs Matterhorn schiessen. Die Konzessionsgesuche pendeln lange Zeit zwischen dem Berner Bundeshaus und dem Sittener Regierungsgebäude hin und her. In der Zwischenzeit erkrankt Heer-Bétrix und stirbt, mit Hilfe von Heers Erben zieht Imfeld das Projekt allein weiter. Dies besänftigt die Walliser, haben sie den Kartografen doch als hervorragenden Kenner ihrer Bergwelt schätzen gelernt. In Zermatt gilt Imfeld fast schon als Einheimischer, seit vierzehn Jahren kommt er regelmässig in die Gegend, um die Dufourkarte nachzuführen, und er hat auch eine Zermatterin zur Frau. Als er sich bereit erklärt, den Geschäftssitz des Bahnunternehmens nach Sitten zu verlegen, ziehen die Walliser ihr Konkurrenzprojekt zurück, und 1892 erteilt der Bundesrat Imfeld die Konzession.
«In der That, es ist ein Projekt von verblüffender Einfachheit, das wohl auch zur Ausführung gelangen dürfte», schreibt der Bergautor Theodor Wundt in einem zeitgenössischen Buch. Und der Lausanner Dichter Rychner-Rapin besingt die künftige Matterhornbahn mit hehren Worten: «Ja Wallis, füge deinem Wappen / das Bild der kühnsten Bergbahn zu / die stärker als viel hundert Rappen / hin-

Das Trassee der Matterhornbahn sollte, teils unterirdisch, dem Hörnligrat folgen.
Folgende Doppelseite: Weisse Grenze am Matterhorn. Auf der Testa Grigia verschmelzen die Skigebiete von Zermatt und Breuil-Cervinia.

Rifugio
Teodulo
Bar Restaurant
Aperto
Open
700 m
Since 1885
Gandegg-
Hütte
Restaurant
Open
Offen
1000 m
Reserv. 079 607 88 68 Fam. G.u.P. Perren

aufklimmt längs der steilen Fluh.» Doch im Volk ist die erste Bergbahn-Euphorie bereits verklungen, es regt sich der Widerstand. Naturschützer, Alpinisten und auch Mediziner (sie warnen vor den körperlichen Folgen eines zu raschen Höhenwechsels) protestieren. Die härtesten Worte findet der English Alpine Club: «Wenn die Schweiz den Vandalismus eines Bergbahnbaus begehen könnte, so würde das beweisen, dass sie nicht wert ist, einen Berg wie das Matterhorn zu besitzen.» Imfeld erkrankt, sein Nachfolger, vom Protest verunsichert, ersucht um Aufschub der Eingabefrist für die Baugesuche am Matterhorn und am Gornergrat. Die Bundesversammlung stimmt einer Fristverlängerung zu – aber nur für den Bahnstrang auf den Gornergrat, und damit ist die Matterhornbahn gestorben.

Der Geist des toten Unterfangens erscheint 1905 bereits wieder. Ein Ingenieurbüro plant eine Matterhornbahn im Stil Imfelds, doch diesmal reagiert die Öffentlichkeit rasch und laut. «Werfen wir die Händler aus dem Tempel! Es geht wirklich um die Ehre der Schweiz», schreibt der Künstler Charles Gos in der «Gazette de Lausanne». Gos bemüht sogar den mittlerweile 65-jährigen Edward Whymper und bittet ihn um Unterstützung, doch der Engländer will sich nicht in diese «innerschweizerische Angelegenheit», wie er sie nennt, einmischen. Der Schweizer Alpen-Club protestiert, der Naturschutzbund sammelt Zehntausende von Unterschriften, die Heimatschutzkommission lässt ein Gutachten verfassen und kommt zum Schluss, «dass das Projekt alles in allem ganz klar nachteilig ist für das schönste und berühmteste unter den Monumenten, das die Kommission zu bewahren hat. Sie muss das Projekt bekämpfen.» Der Bundesrat erkennt die Zeichen der Zeit und erteilt die Konzession diesmal nicht.

Werbung für das erste Bahnprojekt von Breuil. Die Erschliessung des Cervino war von Anfang an eingeplant.

Zurück über den Theodul in den Süden und ins Heute. Wer von Breuil-Cervinia zum Furgggrat hinaufschaut, entdeckt hoch oben, abseits vom Mastenwald der Gondelbähnchen und Skilifte, ein seltsames Bauwerk: die Ruine einer Bergstation, eingelassen in die steilen Felsen am Fuss des Matterhorn-Südgrats. Was den Schweizer Bahnbauern um die Jahrhundertwende nicht gelang, hat Ingenieur Dino Lora Totino – man nannte ihn den «Conte di Cervinia» – fünfzig Jahre später auf italienischer Seite versucht. 1951 baute er, neben zahlreichen anderen Bahnen in der Region, eine Luftseilbahn von Breuil-Plan Maison auf den 3500 Meer hohen

Furggen. Die Konstruktion war mindestens ebenso spektakulär wie jene der Kleinmatterhorn-Bahn auf Schweizer Seite, die dreissig Jahre später entstand. Die Furggenbahn war für ganz Italien eine echte Attraktion und zog viel Prominenz an, so etwa Gina Lollobrigida, Marilyn Monroe, Erroll Flynn. Weder die Lollobrigida noch all die anderen Wintergäste, die sich von Lora Totinos kühnem Werk in die Höhe tragen liessen, wussten jedoch, dass die Furggenbahn nur der Anfang eines viel ehrgeizigeren Vorhabens war: einer Luftseilbahn auf den Cervino.

Lora Totino und seine Auftraggeber hatten ihre Pläne wohlweislich nicht an die grosse Glocke gehängt. Ein mehr als drei Kilometer langes Drahtseil sollte den Höhenunterschied von fast eintausend Metern zwischen Furggen und Matterhorngipfel überwinden, ohne Masten, frei über dem Abgrund hängend. «Man sagt, Lora Totino habe bereits eine Harpunenkanone auf den Cervino geschafft gehabt. Er wollte damit ein Hanfseil zum Furggen hinunterschiessen, an dem man dann das Drahtseil hochgezogen hätte», erzählt Georgio Puppi, technischer Leiter bei den Funivie del Cervino in Breuil.

Relikt des Grössenwahns. Auf Plan Maison ob Breuil steht noch die leere Talstation der Furggen-Bahn (rechts im Bild) mit Ziel Cervino-Gipfel.

Noch heute geistert die Idee einer Matterhornbahn in den Köpfen herum. Fantasieprojekt des Österreicher Künstlers Sigi Strasser.

Aber so weit kam es nie. Die Konzession war zwar bereits erteilt, doch als das Bauvorhaben publik wurde, brach in ganz Italien ein Sturm der Entrüstung los. Die Union der Alpinen Vereine protestierte im Namen von nahezu einer Million Mitglieder, und mehr als hunderttausend Bahngegner, unter ihnen namhafte Alpinisten, unterzeichneten eine Petition zuhanden der Regierung in Rom. Die Investoren versuchten zu beschwichtigen: Die Bahn auf den Cervino diene nicht ausschliesslich kommerziellen Zwecken, sondern eröffne der NATO die Möglichkeit, eine Radarstation zum Schutze der westlichen Länder zu betreiben. Das Argument der Kalten Krieger zog aber nicht. Unter dem Druck der Öffentlichkeit wollte die italienische Regierung den Cervino weder den NATO-Generälen noch den Bahnbauern überlassen und widerrief die Konzession.

Die erste und damit auch letzte Sektion der italienischen Matterhornbahn, jene auf den Furggen, lief noch bis 1994, dann wurde der Betrieb eingestellt. Böse Zungen sagen, die Seile seien eines Nachts gerissen, einfach so. Georgio Puppi bestreitet das Gerücht. Der Bahnbetrieb habe sich nicht mehr gelohnt, sagt er. «Die elektrischen Installationen waren alt, wegen der extremen Klimabedingungen auf dem Furggen gab es immer wieder Störungen. Die Skipisten am Furggen waren ohnehin zu steil zum Präparieren, es gab auch immer wieder Lawinen, und der Gletscher ging zurück, sodass es schwierig wurde, von den Felsen in den Schnee zu kommen.» Heute gähnen nur noch das Loch der ausgedienten Talstation auf Plan Maison und jenes der verwitternden Bergstation hoch oben am Grat. Ein grosses Gähnen als letztes Zeugnis der vielen Versuche, vom Matterhorn Besitz zu nehmen.

Wem also gehört das Matterhorn heute? Allen. Und doch niemandem.

Il Gatto del Cervino

Der Beweis: «Il Gatto» vor dem Gipfelkreuz ...

In einem Schrank des Hotels Punta in Breuil-Cervinia steht eine ausgestopfte Katze mit dem stolzen Namen «Gatto del Cervino». In den sechziger Jahren traf eine italienische Seilschaft das Tier auf dem Matterhorngipfel an, wie es sich gerade in der Sonne räkelte. Die Männer lockten es dann Tritt um Tritt den Liongrat hinunter. «Il Gatto del Cervino» lebte noch eine Saison glücklich als Hüttenkatze im Rifugio dell'Oriondé der Maquignaz, am Südfuss des Matterhorns auf 2800 Metern über Meer. Die damalige Köchin des Rifugio glaubt zu wissen, «il Gatto» sei von der Matterhornhütte gekommen, die Schweizer hätten ihre Katze auch reklamiert, Italien habe sie aber nicht mehr zurückerstattet. Als das Tier starb, liessen es die Maquignaz ausstopfen.

«Il Gatto» war nicht der erste feline Matterhornbezwinger. Kletterer am steilen Zmuttgrat trauten ihren Ohren nicht, als sie an einem Sommertag im Jahr 1953 auf 4000 Meter Höhe das klägliche Miauen einer Katze hörten. Sie fanden das Tier, halb verhungert und mit wunden Pfoten, zwischen den Felsen und steckten es in einen Rucksack. Auf diese Weise erreichte «das Waisenkind vom Matterhorn», wie man die Katze nannte, den Gipfel und später Zermatt; eine Familie nahm sie auf und gab ihr den Namen «Zmutti». Wie war «Zmutti» in den Grat geraten? Man erzählt sich, eine deutsche Seilschaft habe die Katze auf dem Weg nach Zermatt aufgelesen und als Maskottchen im Rucksack mit auf den Berg genommen. Hier seien die Deutschen zu Tode gestürzt, und nur das Tier habe überlebt.

«Zmutti» erhielt einen Eintrag im «Guinness-Buch der Rekorde». Wahrscheinlich war aber auch «Zmutti» nicht der erste Vierbeiner am Horn gewesen. Berichtet wird von einem eigenwilligen schwarzweissen Kätzchen, das bereits 1950 aus eigener Kraft den Gipfel erklommen haben soll. Das Tier gehörte angeblich der Köchin in der Matterhornhütte und folgte eines schönen Tages zwei Seilschaften über den vereisten Hörnligrat. Die beiden Katzenabenteuer auf der Schweizer Seite des Matterhorns hat die Engländerin Georgia Engelhard 1954 in ihrem Buch «Peterli and the Mountain» zu einer rührenden Kindergeschichte verschmolzen.

... und ausgestopft in Breuil.

«Der Berg ist kein Menschenfresser»

Als erste Frau der Welt kletterte Yvette Vaucher am 14. Juli 1965 durch die Matterhornnordwand zum Gipfel, auf den Tag genau einhundert Jahre nach der historischen Erstbesteigung über den Hörnligrat. Zum Jubiläum wimmelte Zermatt gerade von Medienleuten, doch Yvette Vauchers Premiere entging ihren Kameras und Mikrofonen. Die Genferin war, zusammen mit ihrem Mann und einem Freund, in aller Stille aufgebrochen. Dass sie die Nordwand just zum runden Berggeburtstag bezwang, war gar nicht geplant und eher Zufall – oder Magie. Ein Gespräch mit der heute mehr als siebzigjährigen ehemaligen Sekretärin und Bergsteigerin.

Madame Vaucher, wie kamen Sie überhaupt in diese schrecklich steile Wand?

Michel, mein Mann, war damals gerade in Zermatt, für das Fernsehen. Das Wetter war gut, er hat mich in Genf angerufen und gesagt, komm sofort herauf, ich habe drei Tage frei, wir machen die Matterhornnordwand. Ich sagte, meinst du, dass ich das kann? Ja, ja, vertrau mir, sagte er. Da war noch ein Freund, Othmar Kronig, mit dem Michel den Führerkurs gemacht hatte. Michel sagte, Othmar wird mit uns gehen, er kennt den Abstieg über den Hörnligrat gut. Wir mochten Othmar sehr, mit einem Kunden hätte er nie die Gelegenheit gehabt, die Nordwand zu machen. Und dann sind wir also hinauf. Niemand wusste davon.

Hatten Sie vorher schon Erfahrungen in Nordwänden gemacht?

Ja, in der Nordwand der Grandes Jorasses und in der Eigernordwand. Am Eiger war es allerdings beim Versuch geblieben, weil wir schlechtes Wetter hatten. Wir haben biwakiert und sind wieder abgestiegen. Wir waren schon sehr hoch, wir waren durchnässt und hatten Erfrierungen, es hatte schon am ersten Tag angefangen zu schneien. Immer Wasser, das runterläuft, du hebst die Arme, et ploff!

Wühlt das nicht auf, schmerzt das nicht, wenn man umkehren muss?

Wissen Sie, wenn man in schlechtem Wetter ist und weiter muss, denkt man vor allem ans Weiterkommen. Das ist das Wichtigste. Und später erst realisiert man, dass niemand lebend von so hoch oben zurückgekommen ist. Natürlich hat es mich dann geschmerzt umzukehren. Aber wir konnten einfach nicht weiter, es war nicht machbar, wir mussten unsere Kräfte für anderes aufsparen. Wegen des Steinschlags und der Lawinen mussten wir so schnell wie möglich absteigen, alles andere wäre gefährlich gewesen und dumm.

Und als Sie dann zum Matterhorn aufbrachen, waren Sie da nicht angespannt?

Ich war nie angespannt. Es ist mehr das Gefühl des Unerwarteten, des Unbekannten. Es ist dunkel, wenn man losgeht, man muss den Anmarschweg finden, man ist sogleich mitten im Aufstieg.

Sie waren also beschäftigt mit dem, was unmittelbar vor Ihnen lag ...

Ja, ja, wir wussten, wie lang der Anmarsch sein würde, dass wir da und da vorbei mussten, wir wussten, dass es Steinschlag geben konnte, aber wir sagten uns, da es niemanden auf dem Grat hat, wird es auch keinen Steinschlag geben. Weiter oben, nach dem Biwak, hatten wir dann zwar welchen. Aber nein, ich war nicht angespannt oder ängstlich, ich war ruhig. Ich war in guter Gesellschaft, ich hatte Vertrauen in

Michel, er hatte Vertrauen in mich, und Othmar Kronig war auch ganz gelassen. Unter dem «Dach» haben wir dann biwakiert, wir hatten nicht viel Platz, Othmar hat ein bisschen weiter oben geschlafen, mit dem Material. Michel und ich richten also gerade unser Biwak ein, da lassen wir den Biwaksack fallen. Aaah! C'est terrible! Sie sehen den Sack, der ganz langsam hinuntergleitet, und können ihn nicht mehr erwischen. Das ist schrecklich, ganz schrecklich. Wir haben dann biwakiert mit dem, was wir hatten. Wieder hinuntersteigen konnten wir sowieso nicht. Aber es war schrecklich, weil wir uns nicht bewegen konnten, nicht herumrennen, nichts. Es war kalt. Aber wir hatten immerhin einen kleinen Kocher, also haben wir in diesem kleinen Kocher Schnee geschmolzen und eine Tafel Schokolade reingetan, Nussschokolade, da schwammen dann die Nüsse in der Tasse herum.

Wie hält man so eine Nacht aus? Hatten Sie nicht genug von den Strapazen?

Nein. Ich bin gerne da, wo ich jeweils gerade bin. Ich hatte ja gewählt, dass ich da sein wollte, und ich habe das nie bereut. Stellen Sie sich vor, das Glück, das ich hatte, da zu sein! Quelle chance! Mir war kalt, ja, aber ich habe im Biwak am Matterhorn nie daran gedacht, dass ich es jetzt schöner hätte zu Hause im Bett. Wir sind es ja, die das so aussuchen, dann ist es ein bisschen dumm, wenn wir so eine Entscheidung nachher bereuen. Es ist normal, dass es kalt ist, man ist in der Höhe, an einer Nordseite noch dazu. Immerhin, die Nacht war windstill, sehr klar, und das war einzigartig schön, man sah den Schatten des Matterhorns auf dem Gletscher unten, wunderschön. Und die Stille. Nur Séracs im Gletscher, die krachten.

Sie zehren auch heute noch von solchen Erinnerungen?

Das sind Erinnerungen, die ich liebe. Das sind Dinge, die einem gehören, sie sind ein Teil von mir. Das sind Dinge, die bleiben, man vergisst sie nicht. Man denkt nur nicht mehr dran, und plötzlich kommt ein Freund, he, erinnerst du dich? Et ça-y-est, tac! Alles ist wieder da.

Nach dem Biwak, sagten Sie, kamen Sie in Steinschlag…

Das war bei Sonnenaufgang. Es war sehr schön, aber hin und wieder bekamen wir einen Stein ab, und da haben wir uns gesagt, tiens, da ist jemand auf dem Grat unterwegs. Wir stiegen also weiter, kamen auf dem Gipfel an und sahen einen Engländer, er kam vom Hörnligrat, allein. Er suchte und suchte, er war nicht einmal überrascht, uns zu sehen, er suchte seinen Büchsenöffner. Er hatte nämlich eine Dose Mandarinen dabei. Wir haben es geschafft, sie zu öffnen, ohne Öffner, und dann assen wir zu viert Mandarinen. Nach den Nüssen Mandarinen.

Und wie haben Sie sich dabei gefühlt?

Glücklich. Die Befriedigung, es geschafft zu haben, macht glücklich. Der Augenblick, in dem man auf den Gipfel kommt, ist ausserordentlich. Dann kommt allerdings noch der ganze Abstieg, da muss man immer noch sehr aufpassen. Aber das Glücksgefühl ist da, es bleibt, genau wie die Erinnerung.

Könnte man sagen, dass ein solches Abenteuer das Leben verändert?

Abenteuer in den Bergen hinterlassen vieles. Man ist bereichert von der Erfahrung, die man gemacht hat.

Man hört oft, es sei auch die Gefahr, der Kitzel, der einen bereichere ...

Nein, nein, das ist nicht wahr, jedenfalls nicht in meinem Fall. Ich habe die Gefahr nie gesucht, das waren kalkulierte Risiken. Man weiss, was man riskiert, und man versucht, das Risiko zu beschränken. Nur jemand, der die Berge nicht kennt, geht hohe Risiken ein. Ich kannte Leute, die auf dem Gletscher aus der Spur liefen, und zwei fielen in eine Spalte. Das ist hohes Risiko. Es gibt Spielregeln, die man respektieren muss. Der Berg hat keine Lust auf Bergsteiger, die kommen, um sich für ihn umzubringen. Wenn man ihn respektiert, wenn man jene Wege nutzt, die er uns anbietet, dann ist der Berg kein Menschenfresser. Ich habe nie die Gefahr gesucht, aber das Abenteuer, und Abenteuer ist nicht Risiko, sondern Entdeckung. Und Genuss. Nur ist der Genuss nicht immer gleich von Anfang an da.

Was brachte Sie eigentlich dazu, Extrembergsteigerei zu betreiben?

Ich machte Skitouren, das ist eine sehr schöne Art, sich den Bergen zu nähern. Später hatte ich einen Arbeitskollegen, der mir immer wieder Fotos zeigte von Klettertouren in den Aiguilles de Chamonix, das machte mir Lust. Ich erfuhr, dass ein Genfer Alpenklub, «les Amis Montagnards», Kletterkurse organisierte, auf dem Hausberg von Genf, dem Salève. Da bin ich dann hingegangen, und es hat mir gefallen. Ich traf dort Freunde, die mich in die Berge mitnahmen. Vielleicht war das, was ich machte, nicht eine klassische Bergsteigerkarriere, weil wir sehr rasch schwierige Klettereien unternahmen. Ich habe nicht viele der klassischen Touren gemacht, eher schwierigere Sachen in Fels und Eis.

Und warum gerade schwierigere Sachen?

Die technischen Schwierigkeiten sind etwas sehr Interessantes. Sie machen leichtere Sachen, und plötzlich haben Sie Lust, mit jemandem mitzugehen und etwas Schwieriges zu wagen. Heute gehe ich nur noch wenig in die Berge. Ich gehe noch an einzelne Felsen oder kleine Wände.

Die Tiefe, das Nichts unter den Füssen, das hat Ihnen nie etwas ausgemacht?

C'est normal que le vide se creuse. Es ist normal, dass sich das Nichts auftut, wenn man klettert, das muss man zulassen. Das hat mich auch nie beeindruckt, es ist ja so logisch, dass es die Tiefe gibt. Angst davor haben meistens Leute, die nicht in die Berge gehen, weil sie sich nur die schlimmsten Dinge vorstellen. Sogar auf dem Salève gibt es solche, die Angst haben vor der Tiefe.

Haben Sie sich manchmal einsam gefühlt, zum Beispiel am Matterhorn?

Nein. Man weiss ja, dass man nicht in Genf auf der Plaine du Plainpalais ist. Man weiss, man wird allein sein, wenn man in eine Wand wie die Matterhornnordwand steigt, zu dritt allein. Jeder hat seinen eigenen Berg. Aber Alleinsein ist nicht belastend, man kann das sogar gern haben.

Vielleicht sucht man die Einsamkeit geradezu ...

Ich weiss nicht, ob man sie ausdrücklich sucht. Beschliesst man, die Matterhornnordwand zu machen, weiss man einfach, dass da keine Menschenmenge sein wird. Das ist auch ange-

nehm, denn wenn es viele Leute hätte, bekäme man Steine ab. Es ist vielleicht trivial, was ich Ihnen da erzähle, aber es ist eben so.

Sie hatten in den Bergen also nie Angst?

Ich hatte nicht Angst, aber was mich in den Bergen immer beschäftigte, das waren die objektiven Gefahren. Der Steinschlag, das Gewitter, die Lawinen, solche Sachen. Ich hatte keine Angst, aber ich glaube, ich war nie leichtsinnig. Und Angst vor der Tiefe oder vor technischen Schwierigkeiten hatte ich wirklich nie.

Ist das Matterhorn schwieriger als der Eiger?

Der Eiger ist imposant und streng, das Matterhorn elegant wie eine Flamme. Bevor Sie in die Eigernordwand gehen, kennen Sie schon alle Passagen, Sie sehen ja alles, wenn Sie von unten hinaufschauen. In der Matterhornnordwand erkennt man die Einzelheiten je nach Bedingungen besser oder schlechter. Und das Matterhorn ist steiler. In der Eigernordwand findet man mal einen Schuh, mal einen Eispickel, mal einen Kochtopf, alles Dinge, die Vorgänger fallen gelassen haben. In der Matterhornnordwand findet man das alles nicht, die Dinge fliegen direkt bis ganz hinunter. Gaston Rébuffat nannte das Matterhorn «ce merveilleux tas de cailloux», «diesen wunderbaren Steinhaufen». Das ist schön, nicht? Und das ist wahr, es ist ein Steinhaufen. Die Steine halten nur zusammen, weil alles gefroren ist. Fragiles Terrain. Aber das Matterhorn ist bezaubernd, irgendwie magisch.

War die Matterhornnordwand ein Höhepunkt in Ihrer Alpinistinnenkarriere?

Nun gut, die Matterhornnordwand war nur einer von mehreren Erfolgen, das ist klar, aber es war doch das Matterhorn, und es gibt nicht zwei Matterhörner. Jeder Berg ist einzigartig, aber das Matterhorn, c'est le Seigneur, es ist der Herr aller Berge. Für mich war die Matterhornnordwand aber kein Schlusspunkt wie für Walter Bonatti. Für Walter Bonatti war es das Summum, eine Winterbesteigung, solo und auf einer neuen Route, drei ausserordentliche Dinge auf einmal. Aber für mich war das Matterhorn kein Schlusspunkt, ich war danach noch im Himalaja, auf dem Mount Kenya, in Peru, in der Nordwand der Dent Blanche, im Yosemite Valley ... Ich war aber kein zweites Mal auf dem Matterhorn.

Auch nicht über die Normalroute?

O nein! Nein, da hatte ich nie Lust dazu. Es war die Nordwand – und Schluss. Es bot sich auch nie mehr Gelegenheit. Nein, man macht eine wirklich schöne Sache, un beau truc, und dabei bleibt es.

Wie ging die schöne Sache damals noch zu Ende? Gab es ein Fest?

Ja, aber erst unten, in Zermatt unten, mit den Freunden, den Bergführern. Ich erinnere mich, bevor wir in die Nordwand sind, hatten sie mich gefragt, was ich mir wünsche, wenn ich vom Matterhorn nach Zermatt zurückkomme. Und ich hatte gesagt, zum Friseur gehen und einen grossen grünen Salat essen. Wieder in Zermatt unten, bekam ich also einen Gutschein beim Friseur, und der Wirt hat mir einen Salat gemacht. Une grande salade verte.

Nicht nur Fels:

Das Horn als Symbol

Am 27. Juli 1986 setzte ein Helikopter auf dem Hörnligrat eine seltsame schwarze Kiste ab, und von da an sah man es vom Berg herunter blitzen, eine Woche lang. Wer dort oben ankam – nahe bei der Solvayhütte auf 4000 Meter Höhe – stiess mit der Nase auf eine Fotokamera, einen Meter zwanzig breit, achtzig Zentimeter hoch, auch ein Blitzlicht war installiert, dazu eine Anweisung in sechs Sprachen. Auf den Auslöser gedrückt also, kleiner Lohn für eine grosse Mühe, denn immerhin hatte man bis hierher die Hälfte des Aufstiegs schon geschafft. Die Kamera spuckte eine Nummer aus, die nannte man nach der Tour dem Hüttenwart im Hotel Belvédère. Und wenig später sah man sich im Besitz seines eigenen Konterfeis in heroischer Umgebung und eines Zertifikats des Verkehrsvereins, dass mans aufs Matterhorn geschafft hatte oder wenigstens bis zu der schwarzen Kiste. Konterfei und Zertifikat waren gratis.

Sich selber blitzen am Hörnligrat. Der Werbegag eines Kameraherstellers war der letzte am Matterhorn.
Vorhergehende Doppelseite: Das Matterhorn im ersten Morgenlicht, vom Wanderweg bei Findelen aus gesehen.

Manche kochten vor Wut, sie sahen den Berg entheiligt. Die Zermatter Gemeindeverwaltung klemmte die Knipserei am Hausberg ab, die Aktion sei eigenmächtig, nicht bewilligt. Aber im Grunde wunderte sich niemand. Klar, dass es einmal zu so etwas kommen würde. Matterhorn, Hörnligrat, das war zum Kürzel für Jubel, Trubel, Heiterkeit geworden wie Disneyland oder die gute alte Chilbi. Der japanische Kamerahersteller Nikon tat da natürlich genau das Richtige: Am Hörnligrat waren das Spektakel, der Massenauflauf, die grandiose Szenerie – kurz, der Berg war der ideale, beste, der weltbeste Ort für ein Werbe-Event. Die Medien aus aller Welt würden sich darauf stürzen.

Es gibt tatsächlich kaum einen Ort auf der Erdoberfläche, der noch bekannter ist als das Matterhorn. Oder auch nur ebenso bekannt. Weltweite Studien zeigen, dass man das Matterhorn überall kennt. «Wenn Sie einem Amerikaner oder Japaner ein Bild des Matterhorns zeigen», sagt Heinz Keller von Schweiz Tourismus, «ist die Chance, dass er es als Matterhorn bezeichnet und auch noch der Schweiz zuordnet, extrem gross.» Das Matterhorn – ein Welt-Sujet. Wer es nicht mit der Schweiz in Zusammenhang bringt, assoziiert es wenigstens mit den Alpen. Und warum wollen so viele hinauf? «Es ist der Berg aller Berge», sagt Heinz Keller. Es symbolisiert die topografische Erscheinung Berg, und weil es der Berg «an sich» ist, muss, wer Berge besteigt, auch das Matterhorn bestiegen haben. Und wer nur einmal im Leben einen Berg besteigen will, erst recht.

Von Zermatt aus gesehen steht es isoliert und mächtig da. Es steht in der genau richtigen Distanz: nah genug, um mit Macht zu dominieren, fern genug, um keinen düsteren Schatten zu werfen, das Dorf nicht mit seiner Dominanz zu erdrücken. Im Aufriss ein Dreieck, uraltes Himmelssymbol, Sinnbild für Geburt, Leben und Tod, für Vergangenheit, Gegenwart, Zukunft, bei den Pythagoräern für das Männlich-Schöpferische. Im Grundriss ein Quadrat, wie die Landeskarte eindrücklich zeigt, ein Viereck, Symbol für die vier Säulen, auf der die hebräische Welt ruht, für das Weiblich-Bewahrende der Pythagoräer. Möglich, dass solche universalen, unbewussten Bedeutungen das Matterhorn für viele zum «heiligen» Berg machen. Viele bezeichnen es spontan als eine Pyramide, andere nehmen es als Meilenstein wahr oder als einen Obelisken, als das Hervorragende und damit als phallisch. «Es ist der Männliche in der Herde der Berge, die ihn umgibt. Das immer bereite Riesenglied, das man, ob Mann oder Frau, nicht anders als kühn oder scheu mit Blicken liebkosen kann und das eine frustrierende Leere hinterlässt, wenn es in den Bettlaken der Wolken verschwindet», schwärmt der Genfer Schriftsteller Philippe Gindraux. Eine bemerkenswerte Sicht. Denn dort, wo Alpinliteratur anfängt, erotisch zu knistern, ist der Berg sonst immer das Weibliche, la montagne. Nahe liegend, denn er soll ja erobert werden, und die Eroberer sind Männer. «Mein Rucksack war gepackt», schrieb Edward Whymper, als er nach seinem fünften gescheiterten Versuch am Liongrat das Matterhorn einem anderen Anwärter auf das Gipfelglück, Professor Tyndall, überlassen musste. «Aber ich brachte es nicht über mich abzureisen, bevor ich den Ausgang erfahren hatte, und drückte mich herum, wie ein närrischer Liebhaber um

Umzug der Kantone bei der Einweihung des Schweizerischen Landesmuseums 1892. Der Kanton Wallis führt als Wahrzeichen das Matterhorn mit.

das Objekt seiner Zuneigung kreist, selbst wenn er mit Verachtung abgewiesen worden ist.»

1803 malte der Genfer Künstler Marc-Théodore Bourrit erstmals das Matterhorn, drei Jahre später stellte es Johann Konrad Escher in zwei Aquarellen von Zermatt-Winkelmatten und von Breuil aus gewissermassen in Nahaufnahmen dar. Warum zu diesem Zeitpunkt? Das Matterhorn, argumentierte 1989 der Basler Kunsthistoriker Werner Jehle, habe mit seinen geometrischen Formen dem künstlerischen Geschmack der Zeit entsprochen, der Staatskunst Napoleons, dem Klassizismus. Napoleons Ägyptenfeldzug habe klare geometrische Formen und Körper, monumentale Proportionen und Masse ins Bewusstsein der europäischen Öffentlichkeit gerückt und damit deren Geschmack geprägt. Pyramide, Obelisk und Sphinx. «Seither», schreibt Jehle, «ist das Matterhorn kein Naturprodukt mehr, sondern ein Monument.» Es werde aber nicht nur auf Schritt und Tritt mit den ägyptischen Kulturdenkmälern aus dem Tal der Könige verglichen, sondern auch in der Sprache des Stylings beschrieben, mit Begriffen wie «Formschönheit», «herausfordernde Linie» – das Matterhorn ein Artefakt, eine Skulptur, ein Design-Objekt.

Es steht über dem Dorf wie auf einer Bühne, wer es zum ersten Mal sieht, erlebt einen Auftritt wie in einem gigantischen Theater. Und in diesem Theater spielte sich das Ur-Drama des Alpinismus ab, der Sturz der Tüchtigsten nach vollbrachter Heldentat. Das Drama machte Berg und Dorf mit einem Schlag weltbekannt, nach dieser Tragödie vor dieser Kulisse war für immer klar, welches die «richtige» Seite des Bergs war. Die von Norden. Nur von dieser Seite hatte der Berg fortan Bedeutung, und darum, dachten die Schweizer, gehöre er ihnen allein. «Monumentalisiert und geheimnisumwittert, durch die Bilder von Zermatt aus eingeschweizert, auch durch die Zermatter Beteiligung an der Erstbesteigung, konnte das Matterhorn zum Schweizer Berg par excellence werden», schreibt Jehle. Die Schweizer nähmen das Matterhorn als ihr Produkt, gewissermassen als ihre eigene Leistung. «Eigene Leistung?», widerspricht der Marktforscher Walter Quakernack. «Die Pyramiden waren eine Leistung. Das Matterhorn, dachten die Schweizer, habe Gott für sie hingestellt.»

Wir sehen seine Form und sind angerührt. Zuerst fühlen wir uns erinnert. Wir haben diesen Umriss in so vielen Zusammenhängen

Ein Berg umkreist die Erde

Nicollier (links) im All.

«Wenn du auf einem Berggipfel stehst, fühlst du dich wie im All», sagt Claude Nicollier, erster und einziger Astronaut der Schweiz und grosser Matterhorn-Verehrer. Auf seinem ersten Flug ins All 1992 schmückte er die Raumfähre Atlantis mit einem Bild des Matterhorns. Beim zweiten Start 1993 mit Endeavour war der Berg gleich selbst dabei: Nicollier hatte diesmal zwei kleine Gneisplatten vom Gipfel des Matterhorns im Gepäck. Auf dem 260-stündigen Flug in 600 Kilometer Höhe umkreiste das Gestein 164 Mal die Erde – als Symbol für die Verwandtschaft zwischen Bergsteigern und Astronauten, wie Nicollier sagte. Nach seiner Mission im All brachte Claude Nicollier die beiden Steinplatten nach Zermatt zurück. Die eine überliess er dem Alpinen Museum, wo sie heute zu bestaunen ist. Die andere trug er im Rucksack dahin, wo sie hergekommen war: auf den Gipfel des Matterhorns. Hier schlug er sie mit einem Hammer in Stücke. «Damit nicht einer diesen Stein vom Gipfel wegklaut», wie er den verdutzten Zeitungsreportern erklärte.

Weit gereister Gipfelstein mit Echtheitszertifikat.

Das Matterhorn ist afrikanisch

Das Matterhorn ein Schweizer Symbol? Wenn Geologen das hören, lächeln sie müde. Für sie ist der formschöne Berg ein kläglicher Rest afrikanischen Gesteins, ein Stück fremden Kontinents, das die Natur aus einer Laune heraus stehen liess.

Vor neunzig Millionen Jahren, in der Kreidezeit, kollidiert die afrikanische Platte mit Europa und schiebt sich ein gutes Stück über sie hinweg. Die Gesteinsschichten wachsen in der Folge zu einem riesigen, nur leicht gewellten Felsmassiv zusammen. Wasser und Wind meisseln daran, und vor knapp einer Million Jahren beginnen auch die Gletscher der quartären Eiszeit, den Fels zu schleifen. Sie geben den Alpen ihre Form.

Im Gebiet des heutigen Wallis sind es zweitausend Meter dicke Riesengletscher, die mit ihrer Fliessbewegung das afrikanische Gestein erodieren. Der Zufall will, dass sie das nachmalige Matterhorn auf vier Seiten gleichmässig bearbeiten und, in angemessener Distanz zu anderen Afrikatrümmern wie Dent d'Hérens, Breithorn und Weisshorn, stehen lassen. Den Abraum, den ihre Arbeit hinterlässt, tragen die Gletscher fein säuberlich zu Tale. Auf gleiche Weise entstand übrigens der K2 in Tibet, zweithöchster Berg der Welt und vom Aussehen her tatsächlich mit dem Matterhorn verwandt.

schon wahrgenommen, dass er eine ganze Kette von Assoziationen wachruft, alle verbunden mit der Schweiz. Die Schweiz taucht vor unserem inneren Auge auf, im Gegensatz zu der scharfen Kontur des Bergs aber keine klar umrissene, sondern eine unscharfe, eine, die wir nur aus Distanz als Schweiz wahrnehmen können. Die Schweiz in fuzzy logic.

Nichts konkurriert mit der Silhouette des Matterhorns. Die Dent d'Hérens im Westen verschwindet hinter dem Riesenzahn, im Osten zieht sich der flache Furgggrat hin, das Matterhorn steht in der Mitte. Wir stehen nördlich des Matterhorns und schauen zur Mitte. Das ist allerdings ein Trugschluss, denn das Matterhorn steht auf der Grenze, wir schauen also gegen den südlichen Rand des Landes. Aber zur Mitte schauen wir trotzdem. Denn «das Matterhorn ist das Zentrum, der zwangsläufige Nabel in einer erektilen Landschaft». So Gindraux. Andere haben es mit einer Nabe verglichen. Seine Form gibt ihm den Platz mitten in den Alpen, und mitten in den Alpen ist für die Schweizer die Mitte der Schweiz. Von den Alpen fliesst alles herab, das Wasser und die Geschichte, so will es der nationale Mythos. Schauen wir aufs Matterhorn, so schauen wir ins Innere des Gebirges, und nirgends steht das Gebirge in so konzentrierter archetypischer Form vor uns wie an diesem Berg. Im Matterhorn ist das Gebirge mit seinen Tälern und Ketten in einem einzelnen Stein, einem Monolithen, zusammengefasst. Darum können die Schweizer im Matterhorn gerührt ihre vaterländische Wiege sehen, auch wenn sie für die meisten geografisch etwas zu weit im Westen steht.

Generationen von Kindern malten schon mit Stiften aus der bunten Schachtel mit dem Matterhorn.

Im Grunde ist es umgekehrt. Die Erosion hat aus dem Gebirge diesen Stein herausgeschnitten. Das Gebirge ist weg, der spitze Klotz ist geblieben. Aber auch das macht Sinn. Das Matterhorn ist ewiger als das Gebirge. Und wird die Schweizer Identität auch zermahlen von der Geschichte, von der Globalisierung – ihre Herkunft und ihr Kern bleiben bestehen, überleben das Schlimmste, leisten allen Kräften Widerstand, sind härter als alles, was daran nagt, kratzt und meisselt. Eine gewisse Distanz zum wirklichen Matterhorn ist aber auch bei dieser Betrachtungsweise nützlich. Denn das Matterhorn ist kein Monolith, sondern ein gefährlich wackliger Haufen abenteuerlich gestapelten Schuttes. Ausserdem stammt das kristalline Gerümpel aus Afrika. Das könnten wir allerdings als ironischen Hinweis der Erdgeschichte darauf nehmen, dass der Homo sapiens, zu dem auch die Schweizerinnen und Schweizer sich zählen, von Lucy abstammt, der kleinen schwarzen Dame aus dem ostafrikanischen Grabenbruch.

Neunundachtzig Prozent der Schweizer Bevölkerung leben auf vierzig Prozent der Landesfläche im Mittelland und im Jura. Im Gebirge hält ein Zehntel der Bevölkerung die Festung. Sie sind die Rückendeckung. Denn man weiss ja nie. Das Gebirge im Rücken war den Schweizern schon immer eine beruhigende Stütze. Und weil das Matterhorn die Zusammenfassung des Gebirges ist, «die Verschiebung des allgemeinen Bergmythos in einen einzelnen Gipfel» (Quakernack), sehen es manche als eine feste Burg mit unbesteigbaren Wänden, mit Brustwehren, Erkern, Pech und Schwefel (Steinschlag, Eis und Lawinen). Oder als einen Wachsoldaten, der am niedrigen Horizont pardadiert, von rechts nach links, die Brust herausgestreckt, manchmal trägt er einen weissen Federhut. Allein, um nicht zu sagen: einsam, unabhängig, unverwechselbar steht er da und repräsentiert in der ganzen Welt die Alpen, genauso wie die Schweiz mit ihren vier Landessprachen und -kulturen Europa repräsentiert, das lassen die Schweizer Europa immer gern wissen. Im Matterhorn, dem Singulären, erkennen sie sich wieder. Unser Berg – der schönste Berg der Welt. Sie lächeln stolz und wissen im Innersten: Nicht nur der Berg, ihr Land ist das schönste. Singulär. Alle beide.

«Wäre es nicht schon da gewesen, das Matterhorn, so hätten sie es gebaut», schreibt Werner Jehle. Dieser Vermutung würde der Marktforscher Quakernack allerdings widersprechen. «Das Ausland hat das Matterhorn entdeckt, die Schweizer haben sich dann gedrängt gefühlt, es als ihres zu nehmen.» Tatsächlich gehört das Matterhorn nicht zu den offiziellen nationalen Symbolen. Das Ur-Schweizerische ist in Allegorien verkörpert, im Rütlischwur, im Tell, in der Helvetia, im Massaker von St. Jakob an der Birs, in den Helden von Marignano, wie sie Ferdinand Hodler im Landesmuseum in Wandgemälden verewigt hat. Auf den Fresken im Nationalratsaal des Bundeshauses, dem eigentlichen Nationaldenkmal der Schweiz, sind die Schwyzer

Das Matterhorn symbolisiert Schweizer Werte. Mit der Globalisierung verlieren sie allerdings an Bedeutung (oben). Wo die Schweiz selbst das Produkt ist wie in der Reisebranche, geht nichts ohne den Schweizer Paradeberg (unten).

Matterhorn und Alphirt. Der Bergler mit der Kapuze auf dem Traveller Check ist nicht Wilhelm Tell, wie viele meinen.

Mythen abgebildet, graue felsige Spitzen im grünen Alpenvorland. Die offizielle Schweiz hat dem Matterhorn nicht viel mehr als einige Briefmarken gewidmet, bei der Weltausstellung in Sevilla 1992 brachte es ein Schweizer Öko-Pavillon in Form des Matterhorns nicht über das Entwurfsstadium hinaus. Und nur selten tritt das Matterhorn zusammen mit den geheiligten nationalen Symbolen, etwa der Mutter Helvetia, auf.

Das Matterhorn wurde von bergsteigenden Engländern «entdeckt» und durch einen sportlichen Super-GAU ins Bewusstsein der Öffentlichkeit gerückt. Es war ein neuer Hit unter den Destinationen des traditionellen Reiselandes Schweiz, dessen Hotellerie sich zur Tourismusindustrie zu mausern begann. Die Tourismuswerbung verbreitetete das Bild des Matterhorns in Europa und in der Welt, ein profanes, aber auch ein «modernes» Symbol, das in erster Linie für einen Wirtschaftszweig stand, dem die Zukunft gehörte, den Tourismus. Im Ausland wurde es «aufgeladen» mit den Vorstellungen, die man dort mit der Schweiz verband: demokratische Freiheit, saubere Luft, Hotelbetten ohne Flöhe, ehrliches Personal. Es wurde zum Warenzeichen der Schweiz im Ausland, und als ein solches begannen es die Schweizer selbst zu verwenden. Denn die Zuschreibungen, die das Ausland ihnen in des Matterhorns Namen machte, waren, so Quakernack, «nützlich».

Das Matterhorn als Waren- oder Markenzeichen. Von den Graten des Horns und aus seinen Wänden poltert zwar der Steinschlag herunter, aus Distanz betrachtet ist der Berg aber so scharf gezeichnet und so fest wie ein Kristall, und an manchen Tagen, wenn die Luft und die Ferne blau sind, wirkt er auch so transparent. Mit einem Kristall wird der Berg oft verglichen. Der Kristall, transportables Matterhorn. Altbundesrat Ogi verschenkte Bergkristalle in rauen Mengen an fremde Staatsmänner und meinte damit: Ewigkeit, Lauterkeit, Klarheit. Aber auch: Härte, Unzerstörbarkeit, schlicht: Qualität. Lange zierte Tells Armbrust Schweizer Produkte und mahnte die Konsumenten an ihre patriotische Pflicht, einheimisches Schaffen zu ehren und zu erhalten. Die Armbrust versprach dafür Schweizer Wertarbeit. Weil Tell genau zu zielen wusste? Doch als das Klima der geistigen Landesverteidigung sich langsam verkühlte, trat auch das Legenden-Label

Mit den «heiligen» Symbolen der Schweiz, wie mit der Helvetia, tritt das Matterhorn nur selten auf.

den Rückzug an, dafür verbreitete sich das Matterhorn in der Warenwelt. Schweizer Qualität ohne Sagendunst, hart wie reiner Kohlenstoff, schnörkellos, in Ewigkeit verlässlich.

Dann verschwand die Textilindustrie aus dem Land, die Maschinenindustrie schrumpfte bis auf einen kärglichen Rest, sogar die Waffenschmiede fusionierten ins Ausland. Die Industrie, die schwei-

Uhren (oben) und Volksmusik (rechte Seite). Das Matterhorn verrät ihre Herkunft und verspricht Qualität, Präzision, lange Lebensdauer, Bodenhaftung, Unveränderbarkeit.

zerische Wertarbeit leistete, bröckelte wie das reale Matterhorn. Das Symbol geriet in die Krise.

Bis 1997 warb die Credit Suisse, die drittgrösste Schweizer Bank, mit einem Doppelsujet, dem Matterhorn und der Skyline Manhattans. Unter den schönen Panoramabildern standen die Headlines: «Incredibly Swiss» und «Incredibly International». Doch damit ist es vorbei. Die Struktur der Gruppe wurde umgebaut, der Name geändert, der Werbeauftritt den neuen Strukturen angepasst. «Wir sind heute nicht mehr eine Schweizer Bank mit internationaler Ausrichtung, sondern eine internationale Bank mit Hauptsitz in der Schweiz», sagt Karin Rhomberg von der Credit Suisse. Das Schweizerische, das man durchaus nicht verleugnen wolle, transportiert man nicht mehr mit den «klassischen Symbolen der traditionellen Schweiz», sondern mit dem Namen. Suisse. Das reicht. In der globalisierten Wirtschaft verlieren Made-in-Labels generell an Bedeutung, die Konsumenten in aller Welt interessieren sich immer weniger für die Herkunft eines Produkts oder den historischen Ursprung einer Dienstleistung. Ob in Europa, Korea oder Indien hergestellt, Hauptsache, der Preis stimmt und – je nach Produkt – auch die Qualität. Weltkonzerne wie ABB haben sich ganz von ihrer Schweizer Herkunft gelöst. «Unsere Produkte sind ‹Made by ABB›», liess der Konzern in der «Solothurner Zeitung» selbstbewusst verlauten.

Das Matterhorn ist in der Werbebranche ziemlich «out». «In einer Kampagne das Matterhorn verwenden? Aus dem Stegreif gesagt – eher nicht», meint der Creative Director von der weltweit operierenden Werbeagentur Advico Young and Rubicam, Martin Spillmann. «Ich würde meinem Werbekunden damit ja in den Mund legen: Ich bin wie das Matterhorn. Aber das ist doch abgedroschen, irgendwie.» Eine Firma sollte sich eher über ihre eigene Leistung definieren als über eine ausgeliehene. Schweizerische Eigenschaften wie Präzision, Pünktlichkeit, Konserativismus (im positiven Sinn) müsse man neu und moderner interpretieren, «man kann dafür doch nicht einfach das Matterhorn hinstellen».

Als Hauptdarsteller tritt der Koloss nicht mehr so häufig auf wie in früheren Jahren, als er für Türschlösser, Käse, Zeitungen und Bier gleichermassen patriotische Argumente liefern musste. Doch als prominentes Sujet unter anderen dominiert er immer noch manchen Werbeauftritt. Ricola, der Hersteller von Kräuterbonbons, setzt,

OF SWISS MUSIK
78 45 33 16

«solange sie noch positiv gesehen werden», in seiner internationalen Werbung voll und ganz auf die guten alten schweizerischen Werte und setzt das Matterhorn zusammen mit anderen Schweizer Landschaften als Botschafter dafür ein. Trend hin oder her. Toblerone of Switzerland, die Schokolade, die im Ausland fast so bekannt ist wie das Matterhorn, mit dem sie die Dreiecksform teilt, führt ein stilisiertes Horn im Logo. Vor ein paar Jahren hat der Schokoladeproduzent, «der die Welt inspiriert», Pralinen in Form von Matterhörnchen auf den Markt geworfen – «the success of the year». Die Prismalo-Farbstiftschachtel von Caran d'Ache ziert wie eh und je das Matterhorn mit den Speichern von Zmutt im Vordergrund. Und Tissot warb mit dem Matterhorn weltweit für ihre Rock Watch, wenn der Stein, der für die Uhrengehäuse verwendet wurde, auch von Andeer, vom Julier, vom Gotthard, sogar von Übersee stammte. Uhr in der Ostwand vor Sternenhimmel. Hält ewig.

Wer mit den traditionellen Schweizer Werten argumentiert oder Produkte verkauft, die der Schweiz als typisch zugeschrieben werden, kommt nur schwer ohne das Matterhorn aus. Uhren, Schokolade, Käse. Und wenn die Schweiz selbst das Produkt ist, das an den Mann gebracht werden muss, geht ohne Matterhorn – fast – nichts. Eine Zeit lang trat der Kanton Wallis in den ausländischen Fernmärkten als «Matterhorn State» auf, heute entweder als «Matterhorn Region» oder dann – in Kooperation mit den Kantonen Genf und Waadt – als «Lake Geneva & Matterhorn Region». – «Es ist nicht nötig, dass die Leute in Japan und Amerika zum Matterhorn noch die Marke ‹Wallis› hinzudenken», sagt Marcel Perren von Wallis Tourismus, «Matterhorn-Region reicht vollständig.» In den Fernmärkten USA, Asien, Russland, Südamerika wirbt der Alpenkanton ausschliesslich mit dem Zermatter Hausberg. «Das Matterhorn», sagt Perren, «ist die stärkste Marke, die das Wallis zu bieten hat.» In der Schweiz und im angrenzenden Ausland tritt der Dachverband des Walliser Tourismus auch mit anderen bekannten Sujets auf, mit dem Aletschgletscher, mit Kuhkämpfen. Das Matterhorn ist im Logo immer dabei. Was dem Wallis recht ist, ist der Schweiz billig. «Das Matterhorn ist von Plakaten über Broschüren bis zum Internet-Auftritt in sämtlichen Auftritten, in die

Die offizielle Schweiz schenkt dem Matterhorn nicht viel Beachtung. Selten darf es als «hohes» Symbol wie auf der Sonderbriefmarke (oben) auftreten, eher schon als Jux wie auf der Telefonkarte (unten).

Zum ersten August, dem Schweizer Nationalfeiertag, wird alles vermischt, was Schweiz bedeutet, Schweizer Kreuz, Matterhorn, Kuh und Alphorn.

Das Matterhorn ist eine der grossen Attraktionen von Disneyland. Der amerikanische Jodler Fred Burry sang hier die Lieder seiner Schweizer Grossmutter.

Bilder einfliessen, präsent», sagt Heinz Keller von Schweiz Tourismus. Ob das Matterhorn in der Schweiz als «von gestern» abgetan wird, spielt gar keine Rolle, und ob die Schweizer sich für ihre «typischen» Eigenschaften wie pünktlich, sauber, konservativ manchmal ein wenig genieren auch nicht. «Wir wären schon dumm, wenn wir in den Überseemärkten nicht mit Vorstellungen von der Schweiz operieren würden, die nun mal einen hohen Bekanntheitsgrad haben.» Mit dem Matterhorn also, das für solche Vorstellungen steht.

Es gibt aber auch Weine mit dem Namen «Matterhorn», Zigaretten aus Jamaica, amerikanische Rockbands und Jahrmarktskarusselle, deutsche Achterbahnen und Kraxelfelsen. Es gibt amerikanische Importfirmen mit dem klingenden Namen «Matterhorn German Foods» oder Softwarehersteller, die ihre Produkte «Matterhorn» taufen, weil es einfach gut klingt: the matter – die Materie, die Angelegenheit, die Sache; the Horn – «horny» entspricht dem deutschen «geil», bevor die Kids das Wort annektierten. «Es steht für das, was hervorragt, das andere überragt, für ein Produkt, das hoch oben hin-

aus will», führt der Schweizer Vertreter einer kalifornischen Softwarefirma aus. Seine amerikanischen Partner haben das Matterhorn noch nie gesehen, aber sie kennen seinen Nimbus. In den USA gibt es unzählige «Matterhorn Lodges». Das künstliche Matterhorn in Disneyland gehört wie das echte in der Schweiz zu den beliebtesten Touristenattraktionen der Welt und hat unter Disneyland-Feinden auch schon einen schlechten Ruf. Seit am Disney-Kunststoffhorn zwei Menschen umgekommen sind, apostrophieren sie es als «killerattraction» und «widowmaker», obgleich es ein Jugendlicher und eine vierzigjährige Hausfrau waren, die auf den Gleisen der Achterbahn ihr Leben lassen mussten.
Mit Bergmotiven zu werben, ist zu Beginn des neuen Jahrtausends «in». Einsame Kletterer an Gipfelwechten, drahtige Dreissigerinnen an griffarmen Kalkplatten, Tourenfahrer trifft auf Gletscherspalte und springt darüber hinweg. Der auf Sicherheit bedachten Luxusgesellschaft ist es langweilig geworden, sie sucht das Risiko, die Extremsportarten boomen. Die Werbung nimmt diese Motive auf. Kommt das Matterhorn als Werbesymbol in die Schweiz zurück? «Kaum», meint Walter Quakernack, «dazu ist es doch zu sehr rezykliert.» Zu viele landschaftliche Motive würden in der Werbung eingesetzt, vom Everest bis zum Grand Canyon. «Wenn man nun wieder mit dem Matterhorn rummachen würde, wäre das ‹retro›. Man müsste schon ein dickes Event drum bauen, das Matterhorn explodiert ins Weltall zum Beispiel, oder man müsste etwas wie einen ‹Titanic›-Film um den Berg drehen.» Wie den Action-Knüller «Vertical Limits», der Anfang 2001 in die Kinos kam. Doch dieser Streifen spielt am K2. Das Matterhorn sei zu brav geworden, zu sehr domestiziert, meinen die Werber. Auch der vaterländische «touch» des prominentesten Schweizer Bergs schmälere seinen Wert für die zeitgenössisch-trendige Produktewerbung, zumindest im Lande selbst.
Der Leiter des Ernest-Dichter-Instituts für Motiv- und Marktforschung, Hans Peter Doebeli, sieht das aber anders. «Im Bergsteigen», meint er, «drückt sich tiefenpsychologisch gesehen die Beziehung zum Ur-Vater aus, zur Autorität, an der man sich misst, der man es gleichzutun versucht, indem man versucht, gleich stark zu sein.» Eine neue Art von «Heroismus», der im Extremsport und im Gebirge seine Aktionsfelder finde. «Das Matterhorn wird in der Werbung wieder eine Rolle spielen. Es ist das Hervorragende auf dieser Erdoberfläche.

Die stärkste Marke des Wallis ist das Matterhorn. In der Walliser Tourismuswerbung ist es allgegenwärtig.

Als grosse, einzelne Berggestalt eignet es sich besonders zum Archetyp, zum Bild vom Übervater.» Auch das vaterländische Image könne dem Matterhorn nicht schaden. «Die Entwicklung geht nicht geradeaus, sondern vor und zurück. Trend und Gegentrend. Das Image des Matterhorns mag gelitten haben unter dem rührseligen Heimatgefühl, mit dem man den Berg verbunden hat, aber gerade jetzt werden die tradierten Werte wieder aus der Versenkung geholt. Es gibt nichts, was nicht wieder kommt.» Deshalb, meint der Soziologe Doebeli, sei das Matterhorn «ein Symbol und Logo mit Zukunft».

Wenn ein amerikanischer Schuhhersteller seinen besten Bergstiefel «Matterhorn» nennt, wenn Paramount Pictures den Berg als Logo verwenden, ist das vielleicht ein Markenklau, ein Weinetikett mit einem Matterhorn darauf mag einfach lächerlich sein, das Matterhorn auf einem italienischen Shampoo ein Missbrauch – doch die Nikon auf dem Hörnligrat schlug dem Fass den Boden aus. Auch als der TV-Witzbold Kurt Felix einen Kiosk am Grat installierte, um den Bergsteiger-Crack Reinhold Messner mit der versteckten Kamera zu leimen, wurde das nicht von jedermann als Spass verstanden. Messner selbst schluckte zwar konziliant den Champagner, den Felix ihm kredenzte; was er vom Allotria am Berg hielt, darüber liessen seine Kommentare aber keinen Zweifel offen: So nicht!

Witzbolde, Werber, Öffentlichkeitssüchtige, Souvenirjäger versuchten immer wieder, Hand ans reale Matterhorn zu legen. Schon Edward Whymper soll den wahren Gipfel des Horns, seinen allerhöchsten Punkt, in Form eines kleinen Steins zu Tal getragen haben. Drei Jahre nach ihm schleppte ein Genfer Alpinist einen achtundvierzig Zentimeter langen Felsbrocken vom Berg herunter. In der Krise der dreissiger Jahre verkauften seine Erben die Familienreliquie für fünf Franken fünfzig. 1984 liess das Zermatter Verkehrsbüro zwei Blöcke von je zweihundert Kilo Gewicht vom Gipfel holen, um sie im Rahmen einer Promotionsaktion amerikanischen Skistationen zu schenken. «Das ist ein Skandal!», protestierte der Genfer Bildhauer André Bucher. «Wenn das so weitergeht, wird man am Ende ein Stück Rütliwiese abholen, um daraus in England einen Fussballrasen zu machen.» Bucher wandte sich an Bundesrat Alphonse Egli und an US-Präsident Ronald Reagan («Was würden Sie sagen, wenn die Nase von Thomas Jefferson vom Mount Rushmore in Richtung

Fels, Eis, langer Winter, kurzer Sommer. Wer möchte einen Walliser Weissen vom Matterhorn trinken?

Schweiz verschwände?»), aber die heiligen Blöcke kamen nicht zurück. Für Bucher war damit die Stunde seines grossen Auftritts gekommen. Er liess per Helikopter eine Prothese auf das Matterhorn fliegen, eine sechzig Kilo schwere Bronzeplombe, die er mit Hilfe von zwei Bergführern in das Loch im heiligen Zahn versenkte. Zum Missfallen der Zermatter Gemeindebehörden allerdings. Die Plombe sei nicht erwünscht, entschieden sie, ausserdem habe Bucher öffentlichen Grund für private Zwecke missbraucht. Sie liessen das patriotische Kunstwerk entfernen.

Fonduekäse und Matterhorn. In der Schweizer Käsesuppe verschmelzen die Symbole. Eine satirische Schaufensterdekoration.

Folgende Doppelseite: Das Matterhorn, Inbegriff des Bergs und der einsamen Insel. Fassade eines Kinos in Biel.

Zur Siebenhundertjahrfeier der Eidgenossenschaft wollten verschiedene Fernsehgesellschaften, darunter eine japanische, die Grate am Matterhorn mit Lampenketten verzieren. Der Uhrenkonzern SMH wünschte zu seiner dreitägigen Millenniumsfeier unter dem Motto «Swatch the World» in Zermatt eine Giga-Uhr aufs Horn zu projizieren. Autohersteller fragen an, ob sie ihre neuen Modelle auf den Gletscher fliegen und vor der Matterhornkulisse ablichten dürfen. Eine Künstlergruppe möchte neben anderen auch den Matterhorngipfel vergolden, um damit weltweit für einen schonenden Umgang mit der knappen Ressource Wasser zu werben – doch die Zermatter sagen immer: Nein! Schon nach der Nikon-Aktion am Hörnligrat hatte die Gemeindeversammlung beschlossen, Werbe- und PR-Aktionen am Berg ohne Ausnahme zu untersagen. Auch die Frage, ob sich das Label «Matterhorn», der Name und die Gestalt des Bergs, als «geistiges» Eigentum oder als «appellation d'origine» schützen lasse, liessen die Zermatter klären. Hier allerdings bekamen sie negativen Bescheid: Nur Firmenlogos wie jenes von Zermatt Tourismus liessen sich schützen, nicht aber das Bild eines Bergs. Das Matterhorn auf einem Deo-Spray für die Achselhöhle – niemand kann es verhindern. Doch richtet es Schaden an? «Im Gegenteil», meint Heinz Keller von Tourismus Schweiz. «Wenn ein malaysischer Zigarettenhersteller das Matterhorn als Marke verwendet, spielt natürlich der Gedanke mit, etwas Banales auf ein höheres Qualitätsniveau zu heben. Das ist zwar ein Missbrauch – aber die Assoziationen zur Schweiz laufen dabei doch mit.» Zum drittklassigen Produkt wird der erstklassige Ruf der Schweiz assoziiert – nicht etwa zur Schweiz der drittklassige Ruf des Produkts. Das Symbol ist stärker. «Aussereuropäer verbinden mit dem Matterhorn einen Wunschtraum, sie sehen das Bild und spüren die Sehnsucht nach dem Original.»

Die Sehnsucht, das wirkliche Matterhorn zu sehen. Bessere Werbung kann es gar nicht geben für Zermatt und für die Schweiz.

Von Hochzeiten und Bernhardinern

Heiraten vor dem Matterhorn ist ein japanischer Traum.

Jetzt reichts! sagten die Zermatter, nachdem der Heli die Riesen-Nikon vom Hörnligrat heruntergeholt hatte. Keine Gags mehr, die das Wahrzeichen entheiligten! Im gleichen Sommer, 1986, konnte es aber einer von ihnen nicht verkneifen, den Berg hinterm Haus als Podest für einen persönlichen Auftritt zu gebrauchen. Nach jahrelanger klammheimlicher Vorbereitung und mit Hilfe einiger Bergführer liess der Zermatter Künstler Heinz Julen von drei Helikoptern ein Kunstwerk zum Matterhorngipfel transportieren: eine zehn Meter hohe Plastik, in der man einen Strauss fantastischer Blumen sehen mochte. Sie wiegten sich da oben einen sonnigen Vormittag lang. Anwesend war die internationale Presse, sodass der 15 000 Franken teure Werbegag seine Wirkung nicht verfehlte: Er machte den Künstler weitherum bekannt. Die Kunst, das Matterhorn zu nutzen, ohne es dabei zu missbrauchen, beherrschen die Zermatter ziemlich gut. In der Kapelle auf dem Riffelberg verheiratet Gina Perrig, die Frau des Ex-Kurdirektors «Mister Matterhorn» Amadé Perrig, von Mai bis November um zehn Uhr, um elf Uhr und um zwölf (im Winter nach Bedarf) japanische Paare, die Braut in Weiss. Das Kleid, so die Braut kein eigenes hat, wird ihr am Tag zuvor anprobiert, auch Schuhe kann sie mieten. Der Service ist perfekt. Zivile Trauung, Hochzeitszeremonie in der Kapelle, Aperitif, Hochzeitsbankett – und natürlich Fotos, Fotos, Fotos mit dem Matterhorn im Hintergrund. Auf Wunsch ist auch ein Video zu haben, es ist fünfzehn Minuten lang und zeigt Szenen aus Zermatt, vom Riffelberg und von der «Matterhorn-Hochzeitszeremonie». Auf dem Gornergrat und dem Rothorn betreiben die Zermatter Fotogeschäfte derweil ein blühendes Geschäft mit fotografischen Souvenirs. Um friedlich geifernde Bernhardinerhunde mit Fässchen am Hals gruppieren sich japanische, amerikanische, russische, polnische, italienische Reisegruppen, Schweizerfähnchen in der Hand, der Fotograf ruft «Cheese!», und schon sind die fröhlichen Touristen auf dem Film verewigt – mit der majestätischen Pyramide des Matterhorns im Hintergrund.

CINÉM

REX

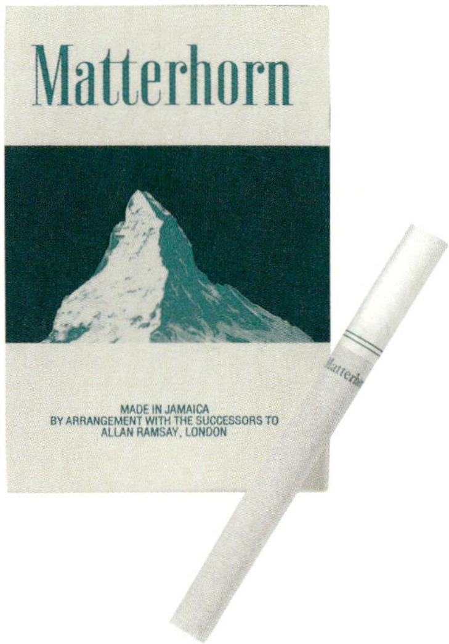
Matterhorn
MADE IN JAMAICA
BY ARRANGEMENT WITH THE SUCCESSORS TO
ALLAN RAMSAY, LONDON

TOBLERONE
Pralinés
TOBLERONE
Pralinés

Halter
BONBONS
Menthol
Un Produit
Suisse

merkur
Edelweiss
Ganze Bohnen • Café en grains
Caffè in grani • Café tara entira
100% Arabica

arolla
SWISS
GLACIER
SPRING WATER
EAU DES
GLACIERS
Facial and body spray
Spray visage et corps
NET WT 50 g - 1.7

EVEREST
TONIC WATER
TRADE MARK REGD.

Nestlé*
Coffee
ネッスル
コーヒー
コーヒー飲料
渇きに
ネッスル日本株式会社
* REGD. TRADEMARK

Unter dem Wahrzeichen:

Zermatt

Wenn sich der Zug kurz nach Täsch an die letzte Steigung macht, werden die japanischen Fahrgäste unruhig. Sie wechseln von einem Wagenfenster zum anderen, und in ihren fremd klingenden Gesprächen ist ein fragender Ton auszumachen. Wo ist es? Sieht man es

schon? Pötzlich steht es da, rechts hinten, vom Steilhang des Mattertals noch halb verdeckt. Kurz blitzt sein weisses Gipfeldach, dann kreischen die Räder der meterspurigen Visp-Zermatt-Bahn um die nächste Kurve, ruckelt der rote Wurm durch die nächste Galerie. Und hier beginnt Zermatt. Der Blick fällt auf ein staubiges Wirrwarr aus Eisen, Holz und Kies. Das weltberühmte Dorf am Fuss des Matterhorns begrüsst seine Gäste mit dem Werkplatz einer Baufirma.

Dorfeingang von Zermatt. Alte Scheunen kontrastieren mit den Gerätschaften des Baubooms. *Vorhergehende Doppelseite:* Das Matterhorn, wie Zermatt es sieht. Ausblick vom Wanderweg nach Zmutt.

«Ich weiss», sagt Gemeindepräsident Robert Guntern, «dieser Dorfanfang ist der Schandfleck von Zermatt. Wir sind daran, die Situation mit neuen Bestimmungen für Gewerbezonen zu verbessern.» Zermatt, in gut hundert Jahren vom Bergbauerndorf zum Ferienort mit 18 000 Betten geworden, ist daran, sein rasches Wachstum zu verarbeiten. Schon deckt das kleine Häusermeer den Talboden zu, die Weiler, aus denen Zermatt einst bestand, sind kaum mehr auszumachen. «Und würden wir alles ausschöpfen, was die Bauordnung zulässt, könnten wir Zermatt grad noch einmal bauen, die Bettenzahl verdoppeln. Für mich ein Horrorszenario», sagt Robert Guntern. «Nein, unsere Stärke muss es sein, das Dorf als Dorf zu erhalten, zu verbessern, statt noch mehr zu bauen.»

Robert Gunterns präsidiales Büro ist mit einheimischer Arve getäfert, an der Wand hängt ein Gemälde vom Matterhorn. Das Gemeindehaus steht im alten Weiler Hof, im oberen Teil von Zermatt, wo die Welt noch in Ordnung ist. Alte Holzhäuser, von der Sonne schwarz gebrannt, die Kirche mit den Treppenstufen, die einen besonders schönen Blick aufs Matterhorn gestatten, der Triftbach, der wild schäumend durch die Idylle rauscht. Unten beim Bahnhof sieht Zermatt ganz anders aus. Das alte Bahnhofsgebäude ist einer mehrstöckigen Geschäftsüberbauung im Chalet-Stil gewichen, breite Reihen roter Geranien ziehen sich die Balkone entlang. Auf dem Bahnhofplatz vertreten sich uniformierte Chauffeure neben schachtelförmigen Elektrotaxis die Beine und warten auf ankommende Hotelgäste.

Potemkin lässt grüssen. Viele der traditionellen Bauernhäuser sind leer und werden mit Gemeindegeldern als Fassade erhalten. *Folgende Doppelseite:* Zermatt vom Triftbach aus gesehen. Links im Bild der Bahnhof, rechts das alte Dorfzentrum Hof.

Hinter der Kulisse aus Holz und Blumen arbeitet Roland Imboden, Kurdirektor und Leiter von Zermatt Tourismus; in seinem Büro hängt das Matterhorn gleich zweimal an der Wand. «Eigentlich müssten wir jedem Gast danken, dass er überhaupt bis hierher kommt», sagt Roland Imboden. Zermatt ist autofrei, wer hier Urlaub macht, muss sein Fahrzeug fünf Kilometer vor dem Ziel auf dem riesigen Parkplatz bei Täsch stehen lassen und mit Koffern, Kisten und Kinderwagen auf die Bahn umsteigen. Eine mühsame Prozedur, besonders im Winter, wenn zu den Koffern noch Skier, Schlitten und Snowboards kommen.

Vierzehn Jahre lang taten sich die Zermatterinnen und Zermatter mit der Entscheidung, ihr Dorf vom Strassennetz abzuschneiden, schwer. Die Diskussion begann 1972, als das Mattertal, das bis dahin touristisch nur von der Bahn erschlossen war, eine neue Strasse erhielt. Sollten die Autos der Feriengäste nun bis vors Matterhorn fahren dürfen, oder wollte man Zermatt lärm- und abgasfrei lassen? Eine erste Konsultativabstimmung fiel noch undeutlich, eine zweite dann schon deutlicher aus, und 1986, als es ernst galt, stimmten neun von zehn Zermatter Stimmberechtigten für ein autofreies Dorf. Verbrennungsmotoren blieben aus Zermatt verbannt. Zermatt konnte sich das freilich auch eher leisten als andere Ferienorte: Nicht jeder hat ein Matterhorn.

«Das Matterhorn», erklärt Roland Imboden, «ist unser Magnet, unsere Unique Selling Proposition, wie wir im Marketing sagen. Das Matterhorn bringt die Gäste nach Zermatt, und wenn sie erst einmal hier sind, sehen sie, was die Gegend sonst noch alles bietet. Das ist wie bei einer Bar mit einer guten Barmaid, erst kommen die Männer nur wegen der Barmaid, dann lernen sie das Lokal schätzen, und schon sind sie Stammgäste.» Mehr als eine Million Mal jährlich

Ein Geistlicher lässt sich über den Col d'Hérens zur Messe ins Haupttal tragen.

ziehen Zimmerfrauen in Zermatt Bettlaken straff – so viele Übernachtungen verzeichnen die hundertachtzehn Gasthäuser und Hotels. Mit dieser Zahl schlägt Zermatt selbst touristische Kleinstädte wie Davos oder St. Moritz und wird im nationalen Vergleich nur noch von Zürich und Genf überboten.

Als 1789 der Genfer Naturgelehrte Horace Bénédict de Saussure mit seiner Maultierkarawane vom italienischen Breuil her nach Zermatt kam, traf er das Dorf leer an. Die Zermatterinnen und Zermatter hatten sich aus Furcht vor den Fremdlingen und ihrem wissenschaftlichen Gerät in den Häusern versteckt. Selbst der Dorfpfarrer war argwöhnisch, und nur dank den Überredungskünsten seiner Walliser Begleiter erhielt de Saussure im Pfarrhaus Kost und Logis. So begann in Zermatt der Tourismus. Denn de Saussure war, sieht man von seiner wissenschaftlichen Mission einmal ab, einer der ersten Touristen im Dorf, und Ziel seiner beschwerlichen Reise war, wie für Abertausende nach ihm, der Anblick des Matterhorns. De Saussure liess es allerdings nicht dabei bewenden. Mit Hilfe eines Sextanten und einer fünfzig Meter langen Kette, die er auf dem Theodulgletscher auslegte, mass er, was noch keiner vor ihm getan hatte, die Höhe der Felspyramide. Er kam auf 4501 Meter über Meer – auf nur gerade vierundzwanzig Meter zu viel.

Vor de Saussure hatte sich niemand ums Matterhorn gekümmert, die Bewohner der Alpenländer sahen im Berg bloss ein Hindernis, ihr Interesse galt den Übergängen. Münzenfunde am Theodulpass weisen darauf hin, dass die Römer die Lücke östlich des Matterhorns bereits im vierten Jahrhundert vor Christus als Handelsweg und Heeresstrasse nach Gallien benutzten. Auch der Col d'Hérens im Westen der Pyramide wurde schon früh begangen. Im ersten Jahrtausend nach Christus besiedelten Bergbauern den Talkessel von Zermatt, es entstanden kleine Weiler mit Namen wie Ried, Wiesti und Steinmatte – Namen, die von der schwierigen Beschaffenheit des Bodens zeugen. Doch die Zermatter Bauern weideten nicht nur Schafe und pflügten nicht nur steinigen Grund, sie lebten stets auch ein wenig vom Handel. Theodul, Col d'Hérens, auch Triftjoch und Col de Zinal, auf den Verbindungen zwischen Italien und Wallis herrschte ständig Verkehr, und Zermatt lag am Kreuzweg.

Damals war das Klima milder. Die Baumgrenze befand sich auf rund 2600 Metern, ewiger Schnee lag nur auf den Gipfeln, die bis zu 3500

Meter hohen, heute vergletscherten Passübergänge waren eisfrei. Die Sommerweiden der Valdostaner und der Walliser Hirten stiessen stellenweise aneinander, man stritt sich mitunter um die Grenzen. Und bei Findeln ob Zermatt, auf gut 2000 Metern über Meer, soll noch bis ins 15. Jahrhundert, als sich das Klima zu ändern begann, Wein gewachsen sein. Doch das felsige Matterhorn blieb unangetastet, die Bauern betrachteten es mit besonderer Scheu, denn es galt als Heimstätte von Göttern und Geistern.

Vom Theodulgletscher ausgespuckt. Gebeine, Waffen und Gerätschaften eines eidgenössischen Söldners aus dem Jahr 1595.

Folgende Doppelseite: Die Zermatter Bahnhofstrasse um 1900. Die Hotellerie des Matterhorndorfs zog gutbetuchte Gäste an.

Wenn die Bauern das Matterhorn nutzten, dann war es stets als Barometer. Viele der alten Wetterregeln gelten noch heute. Steigen Morgennebel die Ostwand hoch, gibt es abends Gewitter. Bläst der Wind nach drei Uhr nachmittags Wolken in die Nordwand, schlägt das Wetter um. Nichts Gutes verheisst auch ein ausgeprägtes Morgenrot auf den Gipfelfelsen. «Um fünf Uhr», so eine Überlieferung, «ging die Sonne feuerrot am Matterhorn auf. Der Vater wollte sofort mit dem Mähen aufhören, erntete aber bei den Söhnen nur Kopfschütteln. Als um sechs Uhr der Himmel sich immer mehr mit Wolken überzog, stellten sie die Arbeit ein. Gegen Mittag fing es an zu schneien, und am folgenden Tag lagen zwanzig Zentimeter Schnee. Es brauchte drei Tage, bis er geschmolzen war. Das gemähte Heu konnte erst nach mehr als einer Woche eingebracht werden.»

Das eigentliche Dorf Zermatt entsteht erst, nachdem sich die Bauernfamilien im 16. Jahrhundert von ihren weltlichen und kirchlichen Lehensherren freigekauft und ihre Weiler 1791 zu einer Gemeinde zusammengelegt haben. Es ist die Zeit der Aufklärung, in Frankreich wütet die Revolution, in Deutschland führt Mozart die «Zauberflöte» auf. De Saussure und andere Fremde, welche in jenen Jahren die Gegend von Zermatt besuchen, sind wissensdurstige Gelehrte, Botaniker und Geologen, und noch keine Alpinisten im üblichen Sinn (obwohl de Saussure damals schon das Kleine Matterhorn erklimmt). 1800 erscheint der erste Engländer in Zermatt. Ob er das Alpen-Virus in seine Heimat getragen hat? Dreissig Jahre später jedenfalls besteigt Lord Minto mit seinem 16-jährigen Sohn und sieben (!) Führern aus Chamonix als Erster das Breithorn. Die Zermatterinnen und

Strasse in Zermatt

Zermatter tippen sich an die Stirn. Sie ahnen nicht, dass für sie ein goldenes Zeitalter anbricht. Denn von nun an kommen die englischen Gäste immer häufiger, kommen so zahlreich, dass der Zermatter Wundarzt Josef Lauber, der die Fremden bislang privat bewirtet hat, sein Haus zum Gasthaus macht. «Hotel Cervie. Bon loge à cheval et à pied 1839» – so wirbt der frisch gebackene Hotelier auf einer Tafel an der Hauswand für sein Unternehmen. Das Jahr markiert den Anfang der Zermatter Hotellerie.

Alpines Museum Zermatt. Den Schwerpunkt der bunten Sammlung von Exponaten bildet die Geschichte des Matterhorns.

Richtig berühmt wird diese Hotellerie dann erst mit der Person von Alexander Seiler. Der Geissbub aus dem Oberwallis erkennt die Zeichen der Zeit und kauft als junger Mann Laubers Herberge, 1855 baut er daraus das stattliche «Monte Rosa», das erste einer ganzen Kette von erstklassigen Seiler'schen Häusern. Das «Monte Rosa» wird bald zum Engländerhotel par excellence. «Wenn jemand fragte Welches ist das beste Hotel in Zermatt? oder Wo sollen wir absteigen?, dann war die Antwort stets Geh ins Monte Rosa! oder Geh zu Seiler!», schreibt Edward Whymper in seinem Zermatt-Führer. Mit der Eröffnung des «Monte Rosa» beginnt auch die Eroberung der Zermatter Berge, «the outburst of British energy», wie Whymper es nennt. Zwischen 1854 und 1865 bezwingen (vornehmlich englische) Alpinisten alle bedeutenden Gipfel der Region, die folgenschwere Erstbesteigung des Matterhorns macht den Schluss.

Zermatt verdankt seine Berühmtheit nicht allein seinem Hausberg, sondern auch Hadows historischem Fehltritt. Der tödliche Sturz von vier der sieben Matterhorn-Eroberer erschien als erster Bergunfall in der Geschichte auf den Frontseiten der internationalen Presse und machte den Berg überhaupt erst bekannt. Nun kamen die Massen. «Jeden Tag, vom frühen Morgen an, trifft man hier eine schnaufende, laute, internationale Horde, für Zermatt ein Glück, aber, das muss gesagt sein, auch eine Plage. Da haben wir die berühmten Möchtegernbergsteiger, da die unvermeidlichen Grossbürger, welche die Gerätschaften ihrer Bequemlichkeit und ihre gewöhnlichen Ansichten mittragen, da die jungen Damen, mehr oder weniger elegant auf ihren Maultieren sitzend, da die alten, steif und eckig.» So beschreibt Emile Yung den Weg zum Schwarzsee in einem Buch von 1894.

Nach der Tragödie galt das Matterhorn erneut als böser Dämon, und erst drei Jahre nach der Erstbesteigung wagte sich die nächste Seilschaft von der Zermatter Seite her auf den Gipfel. Das unbeschwerte «Goldene Zeitalter» des Alpinismus war allerdings vorbei, immer höher entwickelte Steig- und Sicherungstechniken lösten die leichtsinnige Gipfelstürmerei der Pioniere ab. Organisierte Kletterpartien am Matterhorn kamen bei englischen Alpinisten und Alpinistinnen regelrecht in Mode, und es schien, als gehöre der Berg den Briten. Der nachmalige amerikanische Präsident Theodore Roosevelt, der 1881 als Dreiundzwanzigjähriger aufs Matterhorn stieg, schrieb in einem Brief: «Einer der Hauptgründe, weshalb ich die Besteigung des Matterhorns unternahm, war es, ein paar englischen Bergsteigern in meinem Hotel zu zeigen, dass ein Yankee genauso gut klettern kann wie sie.»

Um 1900 bearbeiteten die Zermatter Bauern auch das steile Land über dem Bahnhof. Heute ist von den Äckern – und Bauern – fast nichts mehr zu sehen.

Die Zermatter tippten sich nicht mehr an die Stirn, viele von ihnen hatten den Beruf des Bauern mit jenem des Bergführers getauscht. Morgens und abends sassen die Männer in ihren Wollvestons und Hüten pfeifenrauchend vor dem «Monte Rosa» auf dem Mäuerchen und warteten auf Kundschaft. Und Kundschaft gab es reichlich, denn mittlerweile waren in Zermatt noch weitere Hotels entstanden, das «Mont Cervin» (als kleines Gasthaus existierte es bereits vor Seilers «Monte Rosa»), das «des Alpes», die «Post», der «Zermatterhof», das «Bellevue», das «Angleterre», der «Schweizerhof», das «Viktoria», das «Beausite». Auch reisten ab 1891 die Sommergäste nicht mehr mit der holpernden Kutsche an, sondern rasch und bequem mit der Visp-Zermatt-Bahn. Zermatt hatte den Anschluss an die weite Welt gefunden.

Fototermin ist sechs Uhr früh auf der Kirchbrücke, die beim Friedhof über die Mattervispa führt. Hier, wo das begradigte, betonierte Flussbett den Blick aufs Horn zwischen all den Häusern freigibt, versammeln sich an klaren Sommermorgen die Gäste aus dem Fernen Osten und bannen den Sonnenaufgang auf Film und Diskette. «I've seen the Matterhorn twenty times, but each time again it is ooohh!», erzählt ein japanischer Fremdenführer, der seit einigen Jahren Touristengruppen aus Tokio nach Zermatt begleitet. Die

Die Kirchbrücke, Treffpunkt der Japanerinnen und Japaner fürs klassische Sonnenaufgangsfoto.

Begeisterung ist echt und keineswegs naiv, denn Japanerinnen und Japaner haben einen Sinn für heilige Berge. Wie die Tibeter den Tschomolungma (oder Mount Everest) verehren sie ihr nationales Wahrzeichen Fudschijama mit religiöser Überzeugung.

Doch das allein war es nicht, was Zermatt zum Mekka der japanischen Touristen werden liess, Zermatt hat die Japanerinnen und Japaner vielmehr zu sich geholt. In den sechziger Jahren reiste der damalige Zermatter Kurdirektor wiederholt nach Japan, um Dorf und Hausberg bekannt zu machen. Sein Nachfolger Amadé Perrig – man nannte ihn «Mister Matterhorn» – führte die mühsame Arbeit fort. «Wir haben den Markt aktiv beackert», sagt Roland Imboden, der damals noch Perrigs Marketingabteilung führte, «wir luden Verkäufer aus der Reisebranche nach Zermatt ein, und diese verkauften Zermatt dann wiederum in Japan.» Mittlerweile haben japanische Reiseunternehmen Filialen im Walliser Bergdorf eröffnet, mit japanischen Angestellten und japanischen Fremdenführern. Einige der Souvenirläden an der Zermatter Bahnhofstrasse beschäftigen japanische Verkäuferinnen, die ihren Landsleuten in ihrer Sprache erklären können, wofür sich die unzähligen Klingen eines Schweizer Taschenmessers verwenden lassen.

Am Touren-Schalter im ersten Stock des hochmodernen Alpin Center (so nennt sich das Bergführerbüro von Zermatt) studiert ein junges Paar aus Japan die Tarife. «Matterhorn?» – «Im Moment geht das nicht», erklärt der Führer hinter dem Tresen. Es habe Schnee gegeben, das Horn sei zu. Das junge Paar ist enttäuscht. Dann wenigstens morgen das Breithorn, abends die Monte-Rosa-Hütte und tags darauf die Dufourspitze? Der Führer rät ab: «Das ist sehr hart! Wir Führer würden das vielleicht machen, aber für Sie ist das sehr hart!» – «But we have to be back in Geneva in two days!»

Für die rund achtzig Zermatter Bergführer sind solche Wünsche tägliches Brot. Verbieten können sie freilich nichts, aber abraten, vernünftige Alternativen anbieten. Nur am Matterhorn sind sie unerbittlich: Wer die ersten siebenhundertfünfzig Höhenmeter zwischen Matterhorn- und Solvayhütte nicht in drei Stunden schafft, hat die Prüfung nicht bestanden und muss umkehren.

Zermatt ist kein «Japanerdorf», wie es oft heisst. Rechnet man in Logiernächten, liegen die japanischen Gäste nur gerade auf Platz drei. Mehr als ein Drittel aller Hotel- und Ferienhaus-Übernachtungen in Zermatt bestreiten Schweizerinnen und Schweizer, ein Viertel Deutsche und nur ein knappes Zehntel Besucher aus Japan. Die Japanerinnen und Japaner kommen vor allem im Sommer, bleiben, wie das Beispiel aus dem Alpin Center zeigt, meist nur wenige Tage und fahren dann weiter nach Chamonix, Interlaken, Paris oder Rom, genau wie die Amerikanerinnen und Amerikaner, die den vierten Platz belegen. Im Winter gehört Zermatt den Stamm- und Dauergästen aus dem In- und dem nahen Ausland, dann ist das Dorf (im Gegensatz zum Sommer) meist ausgebucht. Während zu Whympers Zeiten Zermatt nur Bergsteigerparadies und Sommerfrische war, liegt die Hauptsaison heute zwischen Dezember und März.

Mit dem Skisport kam Zermatt schon früh in Berührung, 1898 sollen die ersten Touristen mit Brettern ins Dorf gekommen und zum Monte Rosa aufgebrochen sein. Mehr Winter- als Sommergäste verzeichnete der Ort erstmals 1958, genau sechzig Jahre später.

Während der Skiferienzeit herrscht auf Zermatts Bahnhofstrasse ein regelrechtes Gedränge. Hier wird flaniert und eingekauft, Sportbekleidung, Uhren, Souvenirs. Vorherrschendes Motiv ist, wie könnte es anders sein, das Matterhorn. Das Matterhorn auf T-Shirts, das Matterhorn auf Zifferblättern, das Matterhorn auf Aschenbechern, Flaschenöffnern, Thermometern, Bierkrügen, Kinderlätzchen, das Matterhorn aber auch als Schokoladepraline oder, in Schnaps versenkt, auf dem Boden einer Williamsflasche, fehlt nur noch das Plüschhorn zum Drankuscheln. Bleibt es bei den Souvenirs und bei der Tourismuswerbung, ist Zermatt gern bereit, den Hausberg zu vermarkten. Geht es an den Fels, hört die Bereitschaft auf. «Wir haben haufenweise Anfragen für die kommerzielle Nutzung des Matterhorns», sagt Gemeindepräsident Guntern, «aber da sind wir sehr

Zermatter werden ist schwer

Seinen Ruhm als Ferienziel verdankt Zermatt nicht nur dem Horn, sondern auch dem Hotelkönig Alexander Seiler. Der Oberwalliser war Mitte des 19. Jahrhunderts ins Dorf gekommen, hatte die Hotellerie gross gemacht und besass um 1870 bereits ein kleines Hotelimperium mit einhundertfünfzig Betten. Zum Ärger der Zermatter verpflegte Seiler seine Gäste mit Milch und Käse aus eigener Produktion. Da er nicht Burger war, musste er das Weiderecht seiner Kühe allerdings teuer berappen. Damit, dass er die Zahl seiner Tiere stets zu vertuschen suchte, soll er sich bei den Burgern nicht beliebt gemacht haben.

Als Seiler dann Burger werden wollte, lehnte der Burgerrat den Antrag einstimmig ab. Seiler berief sich auf das geltende Einbürgerungsgesetz und gelangte mit einer Klage an den Walliser Kantonsrat, der ihm Recht gab. Doch die Zermatter akzeptierten den Entscheid aus Brig nicht. Sie wandten sich ans Bundesgericht und, als sie dort abblitzten, an die eidgenössische Bundesversammlung. Über Alexander Seilers Einbürgerung wurde nun also unter der Bundeshauskuppel beraten. Auch die Bundesversammlung als letzte Instanz befand Seilers Gesuch für gut und gab dem Kanton Wallis grünes Licht, das Recht durchzusetzen.

Doch die Burger liessen sich auch jetzt nicht beeindrucken, verweigerten den Befehl und stellten Seiler den Burgerbrief nicht aus. Am 14. Januar 1889 enthob der Kanton Wallis den Zermatter Gemeinderat deshalb seines Amtes und stellte die Gemeinde unter Vormundschaft. Eskortiert von sechs bewaffneten Polizisten zog ein kantonaler Verwaltungsausschuss ins Gemeindehaus ein, eine Füsilierkompagnie sorgte im Dorf für Ruhe und Ordnung. Ein Vierteljahr hielten die Zermatter Burger die Belagerung trotzig durch, dann ergaben sie sich und erteilten Alexander Seiler das Burgerrecht. Seit der Antragsstellung waren sechzehn Jahre vergangen.

restriktiv. Wir wollen, dass dem Berg Respekt entgegengebracht wird.» So ist seit den späten achtziger Jahren Werbung am Matterhorn verboten, inklusive Lasershows und Projektionen. Nur einmal wurde am Matterhorn die Nacht zum Tage: Zur Feier des Millenniumswechsels beleuchtete die Gemeinde Zermatt ihren Hausberg mit zwei Armeescheinwerfern.

Viel zu feiern hatte Zermatt an der Jahrtausendwende allerdings nicht. Seit 1998 macht das Matterhorndorf negative Schlagzeilen, die Gemeinde, so heisst es allenthalben, sei schwer verschuldet. Ja und nein, in Finanznot ist nicht die Munizipalgemeinde Zermatt, sondern

Mit Kerzenlicht und Nagelschuhen

«Ich bin so alt wie das Jahrhundert», sagt Bergführer Ulrich Inderbinen, wenn er nach seinem Alter gefragt wird. Man nennt Inderbinen das zweite Wahrzeichen von Zermatt. Noch mit zweiundachtzig führte er Gäste aufs Matterhorn, und als er im Alter von neunzig Jahren, zur Feier des 125-Jahr-Jubiläums der Matterhorn-Erstbesteigung, wieder auf den Gipfel kletterte, ging sein Bild um die Welt. Inderbinen war rund dreihundertfünfzig Mal «oben», genau gezählt hat er die Besteigungen nie.

Abenteuerlich ist die Geschichte seiner ersten Tour aufs Horn. Mit einundzwanzig Jahren beschliesst Ulrich, Bergführer zu werden. Von Bergführeraspiranten wird verlangt, dass sie «mehrere bedeutende und gehörig beglaubigte Bergbesteigungen gemacht haben». Ulrich ist bis dahin zwar schon ein wenig in den Felsen herumgeklettert, einen Gipfel hat er aber noch nie erklommen. Für den Anfang wählt er gleich das Matterhorn. Warum nicht? Es ist der Hausberg von Zermatt, Ulrich kennt ihn vom Anschauen her gut. Ulrichs jüngere Schwester Martha, ein Freund und dessen Schwester wollen ihn begleiten. Beide Mädchen sind alpinistisch völlig unerfahren, Alfred hat bislang nur das Breithorn, einen leichteren Schneeberg, bestiegen. An einem klaren Herbstmorgen um zwei Uhr früh – es ist noch stockdunkel – machen sich die beiden Seilschaften auf den Weg von der Hörnlihütte zum Gipfel. Sie sind allein am Berg, niemand kann ihnen den Weg weisen. Mit Hilfe ihrer Kerzenlaternen folgen sie deshalb den Kratzspuren, welche die Nagelschuhe unzähliger Bergsteiger im Fels hinterlassen haben. Glücklicherweise ist die Route eis- und schneefrei, das Wetter stabil – die vier jungen Leute erreichen ihr Ziel, ohne je an die Gefährlichkeit ihres Unterfangens zu denken.

Am selben Abend sind sie wieder in Zermatt; auf einem Zettel bestätigt Martha ihrem Bruder die Besteigung. Noch heute kann sich Ulrich Inderbinen nicht erklären, warum seine Eltern dies alles zuliessen.

die Burgergemeinde; es fehlt kein öffentliches, sondern privates Geld. Der oft bemühte Vergleich mit dem Debakel der verschuldeten (Munizipal-)Gemeinde Leukerbad ist also falsch, zumal Zermatts Burger ihre Zinsen stets bezahlen konnten.

Diese Geschichte beginnt 1877. Damals, als die Burger in Zermatt noch allein das Sagen hatten, stieg die Gemeinde ins Tourismusgeschäft ein: Sie baute ihr erstes Hotel, den «Zermatterhof». Da das Burgervermögen nicht ausreichte, um den Neubau zu finanzieren, baten die Burger alle Zermatterinnen und Zermatter um Geld oder Muskelkraft. Die Aktion war erfolgreich, zwei Jahre später nahm der «Zermatterhof» seinen Betrieb auf, prosperierte und wurde zu einem der schönsten Hotels im Dorf. Das Burgervermögen mehrte sich, die Zermatter Burger kauften oder bauten zehn weitere Gastwirtschaftsbetriebe, unter ihnen auch das berühmte «Belvédère» (heute Berghaus Matterhorn) am Matterhorn-Einstieg. Später beteiligten sich die Burger auch an der Wasserversorgung, am Elektrizitätswerk und an den Bergbahnunternehmen. Jahrelang warfen die Geschäfte guten Burgernutzen ab, doch die Burger, so jedenfalls wird gemunkelt, setzten allzu lange auf ihr Matterhorn und vergassen die nötige Vorsicht. Jedenfalls stand die Burgergemeinde Zermatt mit Schulden von nahezu einhundert Millionen Franken da, als die Emissionszentrale der Schweizer Gemeinden 1998 auf Grund des Leukerbad-Debakels keine Darlehen mehr erneuerte. Die Emissionszentrale verlangte einen Teil des geliehenen Geldes auf die Hand zurück, doch die Burger konnten nicht zahlen. Sie gerieten sich gegenseitig in die Haare, Sanierer mit klingenden Namen gaben sich in Zermatt die Klinke in die Hand. «Im eigenen Reichtum gefangen», «Die sich den Kopf zermattern» oder «Wie der Ochs am Matterhorn» titelte die Schweizer Presse. Dank einer Solidaritätsaktion kam (wie damals beim «Zermatterhof») zwar Geld zusammen, doch nicht genug; die Burgergemeinde wurde betrieben und sah sich nach anfänglich heftigem Widerstand gezwungen, Beteiligungen an Bahn- und anderen Unternehmen zu verkaufen. Mittlerweile hat man mit den Gläubigern gütliche Vereinbarungen getroffen, doch der Liquiditätsengpass ist noch nicht behoben und die Zukunft alles andere als rosig.

Es ist nicht das erste Mal, dass Zermatts guter Ruf leidet. 1963 machte das Dorf mit einer Typhusepidemie weltweit von sich reden. Über vierhundert Einheimische und Touristen erkrankten, vier Menschen

Rechte Seite:
An klaren Tagen lässt sich das alpinistische Treiben auf dem Hörnligrat sogar von Zermatt aus verfolgen.

Für all jene, die in Ausübung ihres Berufs das Leben liessen. Bergführerdenkmal beim Zermatter Friedhof.

starben. Die Ursache der Epidemie ist bis heute nicht zweifelsfrei klar, alle Indizien deuten aber darauf hin, dass eine Abwasserleitung brach und Fäkalien ins Trinkwasser gelangten. Die Behörden reagierten nur zögernd und hielten mit Informationen hinter dem Berg. «Es besteht kein Zweifel, dass die Ausbreitung der Epidemie eingedämmt, vielleicht sogar verhindert hätte werden können, wenn man sich nicht der falschen Diskretion schuldig gemacht hätte», schrieb die sonst mit harscher Kritik eher zurückhaltende «Neue Zürcher Zeitung». Die Epidemie hatte für den Tourismus schwere Einbussen zur Folge, da half selbst ein Matterhorn nichts mehr. Andere Walliser Ferienorte machten sich die Not der Zermatter zu Nutze und warben mit dem Schlagwort «typhusfrei».

Um jede Gefahr zu bannen, baute die Gemeinde Zermatt sogleich eine neue Kanalisation. Man konnte sich Investitionen leisten. Seit zehn Jahren erstellten Ingenieure des hydroelektrischen Grande-Dixence-Projekts im Zmutttal hinter Zermatt gigantische Stollenanlagen, mit deren Hilfe sie einen Teil des Wassers aus den Gletschern rund ums Matterhorn der Stromerzeugung zuzuführen gedachten. Das Matterhorn aus der Steckdose! Der Zermatter Gemeinderat hatte lange debattiert und schliesslich grünes Licht gegeben. Statt Eiswasser floss nun Geld ins Dorf, Entschädigungen für die Verschandelung der Landschaft und Zinsen fürs Wasser.

Längst hatte sich Zermatt von den wirtschaftlichen Folgen der Typhusepidemie erholt, als die Gästezahlen Mitte der neunziger Jahre, noch vor der Finanznot der Burger, erneut zurückgingen. Die schwierige Lage zwang das Dorf, über seine Zukunft nachzudenken. Vertreter von Burgergemeinde, Munizipalgemeinde, Zermatt Tourismus, Hotelierverein und anderen Interessengruppen setzten sich gemeinsam an den grünen Tisch. Eine sechsköpfige Task Force unter der Leitung des Oberwalliser Psychiaters und Gründers der International Foundation for Creativity and Leadership, Gottlieb Guntern, nahm Zermatt unter die Lupe. Das Resultat war ernüchternd. «Das Dorf ist in mancher Hinsicht in den sechziger Jahren stecken geblieben», heisst es im Strategiepapier, das die Task Force unter dem Titel «Vision 2000» verfasste. Das Erscheinungsbild Zermatts sei fragwürdig, das Marketing dilettantisch, der emotionelle Zusammenhalt im Dorf fehle, und die Zermatter hätten noch nicht gemerkt, dass sie ihren Gästen auch ausserhalb der Hotelhallen freundlich begegnen

Das Matterhorn in hundert Posen. Ansichtskartenverkauf in der Zermatter Bahnhofstrasse.
Folgende Doppelseite: Das Wahrzeichen hinter Beton und Schutt. Zwischenstation Trockener Steg, 2939 Meter ü.M.

könnten. Ein Gast wolle schliesslich mehr sein «als bloss ein Kasino-Automat, den man mit Händen und Füssen tritt, bis ein Groschen herausfällt».

Also muss Zermatt neue Wege gehen, und sein Hausberg, das Matterhorn, «Symbol für den Aufstieg zum Gipfel des Erfolgs», wird dem Dorf die Richtung weisen. «Der Ferienort Zermatt soll so werden wie das Matterhorn – ein einmaliges Erlebnis», empfiehlt der Strategiebericht. Zermatt brauche mehr Klasse und weniger Masse, Qualität statt Quantität. «Es wurde zwei Jahre lang flotte Arbeit geleistet», sagt Gemeindepräsident Guntern, «aber jetzt müssen den schönen Worten Taten folgen. Alle müssen am gleichen Strick ziehen, und das wird nicht einfach sein.»

Bau- und Bähnchenboom zu stoppen, ist schwierig, denn in Zermatt lebt jeder und jede vom Tourismus. Die Vollzeitbauern lassen sich an einer Hand abzählen, Kühe gibt es noch knapp drei Dutzend. Das selbst gemachte Trockenfleisch verlässt das Dorf nie, sondern landet auf den Tischen der Hotelgäste. Auch das Baugewerbe – der Werkplatz am Dorfeingang! – lebt fast ausschliesslich vom Tourismus, genau wie die Verkaufsläden und Dienstleistungsbetriebe. In der Hotellerie arbeiten wollen die jungen Zermatterinnen und Zermatter heute aber nicht mehr, sie scheuen die unregelmässigen Arbeitszeiten und den niedrigen Lohn und wandern ins Haupttal aus. Dafür

2. Stock / 2. Floor / 2. Piano
Restaurant Cervino
Pizzeria – Trattoria
Bediente Terrasse
RESTAURANT

kommen Gastarbeiter mit ihren Familien nach Zermatt, in einigen Zermatter Schulkassen liegt der Ausländeranteil bei nahezu fünfzig Prozent. «Wir haben schon jahrelange Erfahrung mit der Integration fremdsprachiger Kinder. Bis jetzt ging das gut. Aber die Bevölkerungsstruktur wird sich weiter verändern», sagt Robert Guntern.

Bis jetzt hat Zermatt einen dörflichen Charakter bewahrt, hat sich nicht konturenlos ausgebreitet wie Flims-Laax oder Crans-Montana, ist nicht zur Stadt geworden wie Davos oder St. Moritz. Auch hat Zermatt dem Glitter des Mondänen erfolgreich getrotzt. Pelzmäntel sind selten, Porsches haben ihren Auftritt auf dem nüchternen Parkfeld von Täsch und nicht vor dem Hotelportal. Das VIP-Leben spielt sich in den Speisesälen der Fünfsternhäuser ab, während eispickelbewehrte Wanderer und hemdsärmlige Skifahrer immer noch das Dorfbild prägen. «Wenn Zermatt eine Stadt ist, will niemand mehr kommen», sagt Kurdirektor Imboden. «Sowieso, wir stossen an Grenzen. Noch mehr Gäste bedeutet Qualitätsverlust. Zermatt ist erfolgreich, weil man sich noch nicht auf den Füssen herumtritt.»

Doch was heisst «mehr Qualität»? Ein Zermatter hat auf seine Art versucht, die Vision umzusetzen, und ist daran kläglich gescheitert. Heinz Julen, seines Zeichens Künstler und Architekt (Zermatt besitzt ein Kulturzentrum aus seiner Hand), kauft 1995 ein prominent über dem Dorf gelegenes Stück Land, um darauf ein bahnbrechendes Luxushotel zu bauen. «Into the Hotel» soll so einzigartig werden wie das Matterhorn, auf das es blickt, die Hotelbetten in den vollverglasten Suiten lassen sich denn auch elektrisch drehen und auf den Berg der Berge ausrichten. Da das Projekt sehr teuer kommt, beteiligt sich ein alter Freund Julens und renommierter Schweizer Möbelunternehmer am Neubau. Sieben Wochen nach der feierlichen Eröffnung wird «Into the Hotel» wegen Baumängeln wieder geschlossen. Das Dach rinnt, Rost frisst sich in Eisenfassungen, Deckenbalken stehen unter Spannung, Stahlträger wanken, weil sie auf gipsernen Füssen stehen. Es gibt Streit, Julen will weiterbauen, sein Freund bootet ihn aus, dann reissen Bauarbeiter die Innereien des Dreissig-Millionen-Hauses heraus, um die «teuerste Ruine Zermatts»,

Teures Ende eines Traums. Heinz Julens «Into the Hotel» während des Umbaus zum regelkonformen Etablissement.

wie die Presse sie nennt, in einen regelkonformen Hotelbau zu verwandeln. Die drehbaren Betten will man allerdings beibehalten, denn Julens Idee, die Gäste mit dem Matterhorn erwachen zu lassen, wird allgemein anerkannt. Denn was gibt es Schöneres?
«Ich schaue jeden Morgen zum Matterhorn hinauf», sagt die Kellnerin vom «Waldhaus» in Winkelmatten, als sie den kühlen Fendant auf den Terrassentisch stellt. Der Weiler Winkelmatten am oberen Ende von Zermatt lässt ahnen, wie es im Talgrund der Mattervispa einst gewesen sein muss, bevor die Touristen davon Besitz ergriffen. Kleine, krumme Speicher, die schlichte, weisse Kapelle, der Duft frisch gemähter Wiesen, das leise Donnern des Findelbachfalls, und darüber, unnahbar stolz, das Horn. «Es fasziniert mich immer wieder», sagt die Kellnerin und fügt, ein wenig beschämt fast, hinzu: «Manchmal, wenn die Stimmung besonders schön ist, hole ich sogar den Fotoapparat und mache ein Bild, wie die Japaner. An den Anblick des Matterhorns gewöhnt man sich nämlich nie. Auch wenn man hier wohnt und arbeitet.»

Gewähr für den Umsatz im Winter. Schneekanonen-Depot vor der Nordwand des Matterhorns.

Folgende Doppelseite:
«Berge voll Schönheit ...». Blick vom Kleinen Matterhorn über den Theodulgletscher zum Matterhorn.

Berge voll
Schönheit, Pracht,
künden des
Schöpfers Macht,
der ist ohn
Anfang und End.
Kommet
ihr Menschen her,
gebt eurem Gott
die Ehr,
preiset ihn,
betet ihn an!
Mehr Mensch sein
L'homme d'abord
Uomo prima di tutto
Be more human
Aufgerichtet von
Isidor Biner
Mai 198

Das Matterhorn als Filmstar

«Der Berg ruft» – Luis Trenkers Filmtitel von 1938 ist schon lange zur stehenden Wendung geworden. Zweimal hat der Südtiroler Filmschauspieler und Regisseur das Drama der Matterhorn-Erstbesteigung für die Leinwand verarbeitet, zweimal spielte er darin selber die Hauptrolle. Den Filmen lag Carl Haensels Roman «Der Kampf ums Matterhorn» zu Grunde, ein Bestseller von 1927, der noch heute neu aufgelegt wird. Das Buch erzählt in leicht abgewandelter und romantisierender Form die Vorfälle rund um jenen 14. Juli 1865.

Gleich nach Erscheinen des Romans sicherte sich die Berliner Homfilm die Rechte und engagierte den noch wenig bekannten Trenker als Schauspieler. Trenker, ein ausgezeichneter Alpinist, sollte zudem bei den Aussenaufnahmen im Walliser Hochgebirge Regie führen. Während der Dreharbeiten im Sommer 1928 kraxelte Trenker insgesamt rund 50 000 Höhenmeter. Noch im selben Jahr hatte das Stummfilmepos «Der Kampf ums Matterhorn» im Berliner Ufa-Palast Premiere, der Erfolg war durchschlagend. Zu verdanken war er vor allem Trenker, der den tugendhaften

Luis Trenker (links) als Carrel in «Der Kampf ums Matterhorn».

Verlierer Carrel mimte und ihn zur Kultfigur erhob.

Doch die stumme Fassung der Matterhorntragödie befriedigte Trenker nicht. Sie weiche, so sagte er, zu sehr vom tatsächlichen Geschehen ab, was ihm keine Ruhe lasse; als Co-Regisseur hatte er genau solches nicht steuern können. Also schrieb Trenker, der sich inzwischen als Filmautor und Regisseur etabliert hatte, ein neues Drehbuch, nahm sich denselben Kameramann wie zuvor und schuf ein Remake, diesmal allerdings mit Ton. Wieder verkörperte Trenker den italienischen Bergführer, stellte sich jetzt aber ein Mädchen (die spätere «Geierwally» Heidemarie Hatheyer) zur Seite. Gedreht wurde zum grossen Teil am Matterhorn selbst.

1938 kam «Der Berg ruft» ins Kino – das Matterhorn, bedrohlich in Schwarz und Weiss, zu Klängen von Wagner und Tschaikowsky. Das Werk wurde zum Klassiker des Bergfilm-Genres, in den Kinos von Zermatt ist es immer wieder im Programm.

Luis Trenker wechselte später vom Film zum Rundfunk und wurde Radioerzähler. Oft stand das Matterhorn im Mittelpunkt seiner Geschichten. Einmal noch kehrte er zum Berg der Berge zurück: 1972 stand Trenker zur Feier seines 80. Geburtstags wieder auf dem Gipfel. Ob er aus eigener Kraft oder mit dem Hubschrauber dahin gelangte, ist nicht restlos geklärt.

Trenkers Filmequipe mit Transportschlitten auf dem Theodulgletscher oberhalb von Zermatt.

Dichtung und Wahrheit

Mord am Matterhorn! Ein Ausländer stürzt unter merkwürdigen Umständen am Hörnligrat zu Tode, der Verdacht fällt auf einen Bergführer namens Taugwalder… Immer und immer wieder tauchen die alten Geschichten, die alten Namen in der Unterhaltungsliteratur auf, verweben Autorinnen und Autoren von Kriminal- und Abenteuerromanen reale Matterhornmotive und -figuren mit eigenen Fantasien. Der verdächtigte Taugwalder in Glyn Carrs «Murder on the Matterhorn» von 1951 heisst zwar nicht Peter, sondern Heinrich und wird durch die Aufklärung des Falls schliesslich entlastet, doch mit ihm gibt Carr den Gerüchten von 1865 wieder Auftrieb.

Auch Luis Trenker, der sich nach seinem Erfolgsfilm «Der Berg ruft» als Buchautor versuchte, beschwört im Roman «Schicksal am Matterhorn» von 1957 das Bild des mörderischen Bergführers herauf – diesmal an der italienischen Flanke des Matterhorns. Führer Luc Lorret stösst den Helden des Romans aus Eifersucht vom Col du Lion in den Abgrund. Doch das Matterhorn, Berg der Rache und der Sühne, gibt den Protagonisten unversehrt frei, und Lorret fällt auf der Flucht vor der Justiz in den Felsen zu Tode.

Selbst 1999 findet die Matterhorntragödie noch Eingang in die Literatur. Auf den ersten Seiten von Helen Naylors Kurzkrimi «In the Shadow of the Mountain» gibt der Matterhorngletscher die Leiche eines eng-

lischen Bergsteigers frei (dachte Naylor an den verschollenen Erstbesteiger Lord Douglas?), Recherchen bringen die Hintergründe des Unfalls ans Licht. Schlüsselfigur des Romans ist der 94-jährige Bergführer Ulrich Grunwalder, den man seinerzeit zu Unrecht verdächtigt hat, am Tod des Engländers Schuld zu tragen. Die Autorin hat, sieht man von der Silbe «grun» ab, ganz offensichtlich die Figur des alten Peter Taugwalder mit jener des (zum Zeitpunkt der Veröffentlichung 99-jährigen) Zermatter Bergführerveteranen Ulrich Inderbinen verschmolzen.

Im Fall von Peter Perkins' Jugendroman «Nebel am Matterhorn» von 1962 ist nicht Realität Fiktion, sondern Fiktion Realität geworden. Perkins beschreibt die Notlandung einer Sportmaschine auf einem Schneefeld am wolkenverhangenen Matterhorn und die Odyssee eines unverletzten jugendlichen Passagiers durch Schnee und Eis auf der Suche nach Rettung (durch einen Gletscherpiloten übrigens, dem Hermann Geiger, der «Adler vom Matterhorn», Pate gestanden hat). Ende 2000 knallt tatsächlich ein Kleinflugzeug auf der italienischen Seite des Cervino in den Firn, und die drei Insassen, die wie durch ein Wunder überlebt haben, versuchen, ins Tal zu gelangen. Der jugendliche Georgio schafft es, seine zwei Kollegen stürzen beim Abstieg zu Tode.

Die Bergwelt spinnt

Boivin in der Matterhornostwand. Skifahren lernte er erst mit 16 Jahren.

Der berühmte englische Alpinist Geoffrey Winthrop Young verlor im Ersten Weltkrieg ein Bein. Das hinderte ihn nicht daran, 1928 mit seiner Holzprothese aufs Matterhorn zu steigen. Ein einbeiniger Österreicher machte es ihm nach, allerdings mit Krücken und ohne Holzbein. Why not?, sagte sich da ein gänzlich beinloser Brite und schaffte den Gipfel auf seinen zwei Beinprothesen in sieben Stunden. Etwas länger brauchte ein italienischer Priester, der an Schwindel litt und sich deshalb für den Auf- und Abstieg die Augen verbinden liess.

Blind für die Schönheit der Bergwelt war zweifellos auch jener Amerikaner, der 1930 in nur dreieinviertel Stunden den Hörnligrat hinauf und hinunter joggte. Zwei Walliser brachen später den Geschwindigkeitsrekord, ohne es zu wollen: In ihrem jugendlichen Eifer brauchten sie zwei Stunden hin und eine zurück. Sportlich auch die drei Italiener, die das Matterhorn auf rund 4300 Meter Höhe umrundeten, indem sie alle vier Wände traversierten. Alle vier Wände? Alle vier Grate!, fiel es da zwei Zermatter Bergführern ein. Also kletterten sie den Furgggrat hoch, den Hörnligrat runter, den Zmuttgrat hinauf und den Liongrat hinab, zwanzig Stunden lang nonstop.

Da gönnten sich andere doch lieber eine Pause, zum Beispiel jener Italiener, der die Heilige Nacht im Schlafsack auf dem Gipfel verbrachte. Ein frisch vermähltes deutsches Paar, das die Hochzeitsnacht auf dem Superberg verbringen wollte, stürzte im Aufstieg ab. Dafür zückte der Geiger André de Ribeaupierre auf dem Matterhorn sein Instrument und spielte mit klammen Fingern Bachs «Chaconne». Was dem Franzosen recht, ist dem Schweizer nur billig: Zwei Männer aus dem Mattertal trugen ihre Alphörner auf den Gipfel und bliesen mit dem Wind um die Wette.

Schwer zu schleppen hatte auch das Team von Radio Lausanne, das 1950 einen Kurzwellensender aufs Horn nahm und die Welt mit einer Livereportage unterhielt. Etwas intimer dann doch die beiden Briten, die sich auf dem Gipfel eine Partie Pingpong lieferten, oder der Engländer, der mit seinem Golfschläger je einen Ball nach Italien und einen in die Schweiz spedierte.

Nicht nur Golfbälle flogen vom Gipfel. 1977 starteten drei Delta-Piloten und glitten nach Zermatt hinunter, zwei kamen lebend an. Später brachte ein Franzose seinen Gleitschirm mit und sprang über die Nordwand hinaus. Sein Landsmann Jean-Marc Boivin war da tüchtiger: Er landete mit seinem Delta am Fuss der Nordwand, zog die Steigeisen an und kletterte gleich wieder hoch.

Noch lustiger, dachte sich Boivin, muss es auf Skiern sein. Ein Südtiroler hatte dies 1975 erstmals versucht, im unteren Teil der Ostwand. Boivin machte es ihm nach, aber von weiter oben. Keine halben Sachen!, meinte der Walliser Skilehrer André Anzévui und schnallte sich die Bretter bereits auf dem Gipfel an. Doch der Schnee in der Ostwand passte Anzévui nicht. Er winkte dem Hubschrauber, der ihm folgte, liess sich aus der Ostwand in die Nordflanke fliegen und fuhr dort weiter, Pulver, gut. Und dann kam, was kommen musste. Der 24-jährige Slowene Alis Loncaric betrat 1995 die Ostwand mit dem Snowboard. Er kam nicht weit. Auf der Höhe der Solvayhütte stürzte er, fiel mehr als siebenhundert Meter in die Tiefe – und überlebte mit ein paar Schrammen.

Walt Disney, «Weisses Gold vom Matterhorn».

Nikon

Antonietti, Thomas:
Bauern, Bergführer, Hoteliers. Baden 1999.
Arnold, Martin:
Das Eigentum am kulturunfähigen Land im Kanton Wallis. Zeitschrift für Walliser Rechtsprechung. Sonderdruck 1995.
Bauer, Ursula und Frischknecht, Jürg:
Grenzschlängeln. Zürich 1995.
Becker, Siegfried:
Berg-Bilder. Marburg 1999.
Bellwald, Werner:
Zur Konstruktion von Heimat. Sitten 1997.
Benisowitsch, Gregor:
Die strafrechtliche Beurteilung von Berg-unfällen. Zürich 1993.
Bini, Gianfranco:
Le Cervin et ses guides. Lugano 1988.
Boivin, Jean Marc:
Trois défis au Cervin. Grenoble 1981.
Bonatti, Walter:
Berge meines Lebens. Zürich 2000.
Ders.: Il Caso K2. Bergamo 1995.
Borer, Paul:
Matterhorn. Faszination, Herausforderung, Geschichte. Visp 1999.
Carr, Glyn:
Murder on the Matterhorn. London 1951.
Chamson, Max:
Whymper, le fou du Cervin. Paris 1986.
Clark, Ronald W.:
Als das Seil riss. Zürich 1965.
Das Matterhorn und Zermatt. Berge, Nr. 72. Nürnberg 1995.
De Amicis, Edmondo:
Nel regno del Cervino. Torino 1998.
Die Erfindung der Schweiz 1848-1948. Schweizerisches Landesmuseum. Zürich 1998.
Disney, Walt:
Weisses Gold vom Matterhorn (Comic). Stuttgart 1984.
Eberhard, Otto:
Der Kampf ums Matterhorn. Zürich 1940.
Engelhard, Georgia:
Peterli and the Mountain (Kinderbuch). Philadelphia/New York 1954.
Fantin, Mario:
Cervino 1865-1965. Bologna 1965.
Gindraux, Philippe:
La folle histoire du Cervin. Genève 1990.
Girard, de, R.:
Le Chemin de fer du Cervin. Fribourg 1907.
Gorter, Wolfgang:
Der Adler vom Matterhorn. Zürich 1980.
Gos, Charles:
Das Kreuz vom Matterhorn. Neuenburg 1935.
Gotta, Salvator:
Le fils du Cervin (Roman). Paris 1957.
Gurtner, Verena:
Gornergrat retour. Zürich 1982.
Haensel, Carl:
Der Kampf ums Matterhorn (Roman). Gütersloh 1957.
Heer-Bétrix, Kaspar L.:
Projekt der Zermatter Hochgebirgsbahnen. Biel 1891.
Herger, Annie:
Eines Tages hatte das Matterhorn genug (Kinderbuch). Visp 1999.
Hertig, Paul:
Bergfahrten der Alpenpioniere im 19. Jahrhundert. Von Unterkünften, Ess- und Trink-sitten. Die Alpen 10/2000.
Hiebeler, Toni:
Matterhorn. Von der Erstbesteigung bis heute. München 1976.
Hosquet, Claudio e Bich, Luca:
Come erevamo quando nella conca del Breuil nasceva Cervinia. Aosta 1993.
Hostettler, Yvan:
Matterhorn, Gipfel der Werbung. Genf 1990.
Interlibrum (Hrsg):
Die Eroberung der Alpen (Katalog). Vaduz 1991.
Jantzen, René:
Montagne et Symboles. Lyon 1988.
Jegerlehner, Johannes:
Die Todesfahrt auf das Matterhorn (Roman). Berlin 1928.
Jehle, Werner:
Das Matterhorn. What's the matter? (Katalog). Basel 1989.
Julen, Georg:
Dorfrundgang und Geschichte von Zermatt. Zermatt 1990.
Julen, Klaus und Perren, Oswald:
Eine vergessene Welt. Die Berglandwirtschaft in Zermatt. Visp 1998.

Lanz, Heidi und De Meester, Liliane:
Ulrich Inderbinen. Visp 1996.
Lehner, Karl:
Kleine Zermatter Chronik. Zermatt 1996.
Link, Jürgen:
Nationale Mythen und Symbole in der zweiten Hälfte des 19. Jahrhunderts. Stuttgart 1991.
Lucca, Giuseppe:
Il Cervino racconta. Aosta 1998.
Lyall, Alan:
The first decent of the Matterhorn. A bibliographical guide to the 1865 accident and its aftermath. Llandysul 1997.
Nationales Forschungsprogramm 20 (Hrsg):
Echo aus dem Untergrund. Bern 1990.
Nataf, Georges:
Symboles, signes et marques. Paris 1973.
Naylor, Helen:
In the Shadow of the Mountain (Roman). Cambridge 1999.
Oppenheim, Roy:
Die Entdeckung der Alpen. Frauenfeld 1974.
Perkins, Peter:
Rafales sur le Cervin (Roman). Paris 1962.
Perren, Beat H.:
Faszination Matterhorn. Konstanz/Zürich 1988.
Rébuffat, Gaston:
Das Matterhorn. Epos eines Zauberbergs. Zürich 1965.
Ders.:
Matterhorn. Belle Epoque. Genf 1983.
Rey, Guido:
Das Matterhorn. Stuttgart 1905.
Rychner-Rapin, Robert:
Die Matterhorn-Mont Cervin-Bahn (Gedicht). Moudon 1908.
Schmid, Anka:
Magic Matterhorn (Kinofilm). Schweiz 1994.
Schmid, Walter:
Menschen am Matterhorn. Frankfurt 1980.
Schmitt, Fritz:
Matterhorngeschichten. München 1983.
Schorderet, Auguste:
Le Cervin se défend (Theaterstück). Genf 1908.
Spallart, von, Matthias und Sass, Ekkehard: Das Matterhorn (Radiofeature). SR DRS 1978.
Taugwalder, Hannes:
Der Wahrheit näher. Aarau 1991.
Töpffer, Rodolphe:
Voyage autour du Mont Blanc. Nouveaux voyages en zigzag (Roman). Paris 1853.
Trenker, Luis:
Der Berg ruft (Kinofilm). Deutschland 1938. *Ders.:* Der Kampf ums Matterhorn (Kinofilm). Berlin 1928. *Ders.:* Schicksal am Matterhorn (Roman). Gütersloh 1957.
Truffer, Beat:
Die Geschichte des Matterhorns. Zermatt 1990.
Whymper, Edward:
Scrambles Amongst the Alps. London 1900. *Ders.:* The First Ascent of the Matterhorn. London 1880. *Ders.:* The Valley of Zermatt and the Matterhorn. London 1897, Faksimileausgabe 1974.
Williams, Cicely:
Zermatt, Geschichte und Geschichten. Brig 1988.
Wolf, Jochen und Panitz, Hans Jürgen:
Matterhorn, das ist der Gipfel (TV-Dokumentation). Arte 1993.
Wundt, Theodor:
Das Matterhorn und seine Geschichte. Berlin 1896.
Wundt, Theodor:
Matterhorn (Roman). Leipzig 1941.
Wundt, Theodor:
Zermatt und seine Berge. Zürich 1930.
Yersin, Yves:
Les petites fugues (Kinofilm). Schweiz 1979.
Yung, Emile:
Zermatt and the Valley of the Viège. Genf/London 1894.

Alle nicht gesondert ausgewiesenen Fotos stammen von Heinz Dieter Finck. Im Bildnachweis sind die Inhaber der Reproduktionsrechte sowie allenfalls die Fotografen genannt. Angegeben sind die Seitenzahlen und die Position der Bilder:
o. = oben;
m. = Mitte;
u. = unten;
l. = links;
r. = rechts.

Alpines Museum des Deutschen Alpenvereins
47
Alpines Museum Zermatt
42, 52, 53, 54, 55, 58, 61, 62, 63, 83, 89, 107 u., 152
Amadé Perrig Consulting
121 (PR Foto)
Ansichtskarten-Sammlung Erich Weilenmann
50, 119, 13-135, 137
Aufdi Aufdermauer
72 o.l., m.l., u.r., 73, 124 u.l.
Robert Bösch
22, 23, 36 (Fotos Robert Bösch)
Jean Marc Boivin, «Défis au Cervin»
154
Caran d'Ache
108 (Foto Caran d'Ache)
Cinema Rex, Biel / Jörg Müller
Titelbild, 122-123
Collection A. L' H., Genève
68 o.l., o.r., u.m., 94 , 125
Collection Clerc, Galérie un deux trois, Genève
66, 80 (Repros Collection Clerc)
Die Post
114
Walt Disney, «Weisses Matterhorn»
155
Fotostudio Free, Breuil-Cervinia
74-75 (Foto Massimo Garella), 82, 94
Michael T. Ganz
11, 130-131 (Fotos Michael T. Ganz)
Charles Gos, «Das Kreuz vom Matterhorn»
43
Yvan Hostettler
124 o.l., o.r. (Fotos F. Cruchon)
Bruno Jelk
37 (Foto Bruno Jelk)
Jelmoli AG
111 (Foto Jelmoli)
Fred E. Knecht
69, 113
Kraft Food Schweiz AG
124 m.
Aimé Maquignaz
97 (Foto Privatbesitz)
Messe Zürich
117
Urs Möckli
20-21, 24, 25, 29, 64-65, 114 (Fotos Urs Möckli)
Rita Morger
68 u.l.
NASA-JSB
107
Nikon AG
104 (Foto Nikon)
Privatbesitz
67 (Foto Thomas Andenmatten)
Anka Schmid
120
Martin Schwarz
68 m., 70
Schweizer Alpines Museum
38–39
Schweizer Reisekasse
109 u.
Siemens Verkehrstechnik, Wien
96 (Foto Siemens Verkehrstechnik)
Peter Spoerri
71
Stadtarchiv Zürich
105
Swiss Bankers Travelers Cheque Center
110
Teddy's Souvenir-Shop AG
72
Tino und Lidia Pellissier
81 (Foto Privatbesitz)
UBS
109
Marc Valance
28 (Foto Marc Valance)
Edward Whymper, «Scrambles amongst the Alps»
44, 46, 49 o., 57, 132 (Repros ZB Zürich).
Ders., «The First Ascent of the Matterhorn»
48 (Repro ZB Zürich)
Wundt, Theodor, «Zermatt und seine Berge»
49 u.
Emile Yung, «Zermatt and the Valley of the Viège»
16, 17, 45, 51, 140
Zentralbibliothek Zürich
90, 91 (Repros ZB Zürich)
Zermatt Tourismus
27 (Foto John van Hasselt), 124 u.m.